U0799885

缘起 追寻 见证

站在历史的天空下

我的新远征

傅晓方◎著

南方日报出版社
NANFANG DAILY PRESS
中国·广州

图书在版编目（CIP）数据

站在历史的天空下 ：我的新远征 / 傅晓方著. -- 广州:南方日报出版社，2015.12
ISBN 978-7-5491-0806-0

Ⅰ. ①站… Ⅱ. ①傅… Ⅲ. ①国民党军—第二次世界大战—史料 Ⅳ. ①K265.210.6

中国版本图书馆CIP数据核字(2015)第301642号

站在历史的天空下

zhan zai lishi de tiankong xia

我的新远征

封面题字：刘斯奋
著　　者：傅晓方
出 版 人：周洪威
责任编辑：佃燕婉
装帧设计：佃燕婉
责任技编：王　兰
责任校对：阮昌汉

出版发行：南方日报出版社
电　　话：（020）83000502
地　　址：广州市广州大道中289号
经　　销：全国新华书店

印　　刷：广州市岭美彩印有限公司
规　　格：787mm×1092mm　1/16
印　　张：14.75
字　　数：150千字
版　　次：2015年12月第1版
印　　次：2015年12月第1次印刷
定　　价：50.00元

投稿热线：（020）83000503　读者热线：（020）83000502
网址：http://www.nfdailypress.com

序

敬礼！我们的抗战老兵

一个有故事的女儿——傅晓方。

一段不寻常的旅程——寻访和挖掘父辈抗战的故事。

就凭这两点，我为自己写作《站在历史的天空下》之读后感，选择了一个关键词组：表达敬意。

（一）

傅晓方是一个传奇。同为50后，我们这一代人有着大体相同的经历，既见证了共和国的气象万千，又经受了“文革”中的风风雨雨，当然每个人的个体命运并不相同。晓方16岁投身军旅，靠勤奋、坚韧、干练和敢于挑战困难的勇气在同年兵中脱颖而出，23岁即升任一所野战医院的副政委，20世纪70年代末还参加过南国边境的自卫还击战。后来考入武汉大学攻读法学硕士，成为“校园里的女中校”。即使转业乃至退休后，她仍能在新的岗位上和新的生活里活出精彩。

另一个异于常人之处，是她的独特身世。

这个奇女子有两个爸爸：生父是抗战将领，养父是红军干部。而将两个家庭联系起来的，却是一场悲剧：母亲为女儿的降生付出了生命的代价。面对3个年幼的孩子和1个待哺的婴儿，戎马半生的父亲一筹莫展，委托医院妇产科主任何佩瑶给新生的孩子找个好人家。何主任马上想到医院政委傅培章。傅培章和妻子都是老红军，妻子在延安的一次手术中丧失了生育能力，两人婚后一直没有孩子，如今有何主任牵线，自然高兴地收养了这个女婴。晓方自此随养父姓氏，有了一个新家。

从长征路走进新中国的傅培章夫妇善良通达，不仅对晓方视如己出，呵护有加，而且在送她当兵的前夜，毫无隐瞒地将她的身世和盘托出。晓方这才知道，原来他还有一个爸爸，名叫段国杰，曾是国民党抗战将领，1949 年率部起义加入解放军，后转业地方，“文革”前任湖北省交通厅副厅长。晓方懵懂地记得，养父当时对她说：你的共产党爸爸和国民党爸爸都是军人，都曾为抗击日寇而浴血奋战。

（二）

也许，16 岁的晓方尚未完全领悟养父的良苦用心，但她在人民军队的历练成长却没有让两位爸爸失望。很多年后，随着知识的积累和阅历的增加，尘封的历史展现出别样的光彩，她对生父的抗战经历及其人生价值也有了更多的理解和敬仰。

段国杰虽是一名出自寒门作战英勇，从士兵、排长、连长、营长、团长一步步晋升直至师长的布衣将军，更是国难当头挺身而出，参加过淞沪战役、韶关战役、昆仑关战役的抗日英雄。尤其在著名的滇西大反攻中，他作为中国远征军第十一集团军二军七十六师二二八团团长，率部强渡怒江，在仰攻高黎贡山的大尖山战斗中负伤；伤愈后追歼日寇进入缅北，带领先遣团攻占日军新腊戍高地，切断了中印公路，为盟军全面光复缅甸立下战功。

晓方产生了为生父做点什么的强烈愿望。其时，养父和生父已于 1993 年和 2000 年相继过世。她所能做的第一件事，便是多方收集历史资料，并和军旅作家陈立华一起，踏访生父征战过的昔日战场。2013

年8月，陈立华创作的记录段国杰将军征战的纪实文学《血胆》出版。

只因走进生父的历史，才知道中国远征军的存在竟是那样惨烈和悲壮。本以为可以用《血胆》告慰生父的傅晓方，却好像背负起更加沉重的责任。她开始热衷于为远征军老兵办实事的公益活动。2015年4月，一群来自全国各地的远征军及抗战老兵的后代，组成“新远征队”，踏上“重走滇缅路”的漫漫征程。这中间，就有晓方活跃的身影和追思的眼睛；而这本随笔式的散文集，便是她记录此行所见所闻所思的心血结晶。

在这里，晓方用质朴的文笔书写着沿途见闻：同古、仁安羌、曼德勒、惠通桥……这是1942年中国远征军第一次入缅作战留下惨痛记忆的伤心地；腾冲、龙陵、松山、芒市、畹町、腊戌……这是1944年滇西大反攻时远征军收复国土驱逐日寇的进军路。跨越70年的历史时空，两代人的足迹在滇西缅北的红土地上完全重合，两代人的心灵更在晚生对前辈的景仰与敬礼中高度契合。

踏访旧战场，寻觅当事人。每到一地，晓方他们总要拜会和慰问幸存的远征军老兵。书中记载的20位健在老兵，平均年龄超过90岁，已是风烛残年。尽管晓方的描写略显单薄，但仍能从中读出那一代人所经历的苦难以及他们保家卫国的情怀。其中，有这样几个细节震撼人心，过目难忘：

旅居缅甸的老兵翁裕邦，已近老年痴呆。晓方采访他的时候，他因为反应迟钝常常答非所问，可是当儿子用缅语在他耳边为他“翻译”时，老人突然大声训斥儿子：“我是中国人，和我说中国话！”

南洋机工罗开瑚，讲到在滇缅公路上运送援华物资的沉重代价：一次，被日军飞机炸断的大树直接砸中战友周开定的驾驶室，周开定被压在方向盘上当场牺牲，汽车的喇叭声终日在山间回响，直到电瓶里的电被耗尽。

老兵罗光美珍藏着一枚印章戒指。当年攻打松山的时候，每隔几天要在长官那里盖印算是清点人数。罗光美和两个云南兵关系最好，3个人每次见面也要互相在衣服上盖印，以示“我们还活着”。后来这两个兄弟离开了，盖印的战友越来越少……

感谢晓方，如此细节格外传神。

就文学创作而言，这本书也许价值不高，但是作为亲历者的后代挖掘和整理的父辈抗战故事，却有着独特的史料价值。本书涉及面很广，几乎涵盖了中国远征军对日作战的诸多方面。从战场分布到战役要点，从中国军队到驻缅盟军，从滇缅公路到驼峰航线，从筑路民工到南洋机工，围绕滇缅公路这条线，晓方他们用自己的行走串连起整个事件的点点滴滴。虽然未能反映出战争全貌，但通过一个个鲜活的人物、真实的细节，再现出那个时代的社会风貌、人物情感和民心所向，因而弥足珍贵。

更有意味的是，晓方是人民军队的女儿，被红军爸爸抚养，受部队教育多年，她的这本书，与其说是一个女儿对生身父亲的祭奠，不如说是当代军人对抗战前辈的礼赞。

（三）

晓方的书中有一句话，给我留下深刻印象。她在生父战斗过的大尖山祭奠时，对当地干部说：“如果当年没有当地百姓的支持，战争那么惨烈，是不可能有后来的胜利的。”此话绝对真诚。

2014年1月，为拍摄反映滇西大反攻的5集纪录片《腾冲腾冲》，我随解放军电视宣传中心的一个摄制组奔赴腾冲。一个多月的实地采访，我的感受与晓方不谋而合。

在人类历史的进程中，战争始终像一头怪兽，制造灾难，吞噬生灵，毁灭家园。面对这头怪兽，人民既是苦难的最大承受者，也是最终赢得胜利的力量源泉。正如毛泽东所言："战争的伟力之最深厚的根源，存在于民众之中。"在这里，民众不是一个空泛和抽象的概念。就滇西战场而言，民众是那些倾其所有将鸡鸭鱼肉瓜果菜蔬全部供应远征军的一座座村庄、一个个农户；民众是那些翻越高黎贡山为前线运粮再冷再饿也不动军粮最终倒毙路边的男人和女人，民众是那些冒着全村被杀的风险也要把因飞机失事而跳伞落到自家院里的美军飞行员安全移送盟军的普通村民；民众还是那些站在自家房顶遥望盟军战机炸毁日寇堡垒、远征军攻占日军阵地而欢呼雀跃的"战场拉拉队"，当然，民众也包括那些毁家纾难志在报国的知识分子、开明士绅、华侨巨商、南洋机工等各界人士。在中国历史上，没有任何一次抵御外侮的战争，像抗日战争那样，成为真正意义上的全民抗战。

抗日战争之初，依据双方国力军力的比对，日本提出"3个月灭亡中国"的目标，蒋介石在查询了当时的国力储备等数据后，认为可以支撑6个月。后来的事实证明，他们都错了，因为他们对双方力量的比对，都没有把中国民众的力量计算进去。相反，以毛泽东为代表的中国共产党人，却看到了民众的力量，提出了打持久战的战略思想和建立广泛的抗日民族统一战线的战略主张。事实上，一些国民党将领也意识到了这一点。腾冲战役取胜后，远征军司令长官卫立煌就曾这样概括胜因："半是将士用命，半是民众支援。"

这，大概也是晓方的两个爸爸的共同感受。

2015年9月3日，习近平主席在纪念中国人民抗日战争暨世界反法西斯战争胜利70周年大会的讲话中，喊出"正义必胜！和平必胜！人民必胜！"的振聋发聩的声音。正义，讲的是道德道义；和平，讲的是理想愿景；人民，讲的是行为主体。三个必胜环环相扣，层层递进，从三个层面揭示了历史发展的必然，而最后的落脚点，正是我们在长期的革命战争中确立的坚定信念：人民至上！

谨以此文献给战友傅晓方的两个爸爸，以及他们所代表的经历过抗日战争的前辈军人。

孙晓青

（作者为解放军报社原社长）

自序

从记事起就有了崇拜英雄的情结，但许多年之后才知道我的生父段国杰就是一位铁骨铮铮的抗战英雄。1944 年 5 月，滇西反攻战役正式打响，时任中国远征军第十一集团军二军七十六师二二八团团长的父亲，奉命率部于 5 月 12 日夜强渡怒江。经过血战夺取战略高地大尖山，撕破了日军的怒江防线，为掩护大部队全面渡江进攻缅北地区日军，立下不可磨灭的功勋。

2013 年 9 月 2 日，抗日战争胜利 68 周年前夕，中国远征军雕塑群在云南龙陵松山战役遗址揭幕。我和哥哥段建华、姐姐段立华一起，将父亲的骨灰从武汉革命烈士陵园骨灰堂护送到这片他曾经战斗过的土地，安放在父亲的塑像前。与骨灰盒同时入葬的，还有刚刚出版的记录父亲壮丽人生的传记《血胆——中国远征军段国杰将军征战录》（以下简称《血胆》）。我清楚地记得，当最后一捧花瓣撒在父亲的塑像前时，我情不自禁抱着父亲的塑像痛哭起来。这是一个让无数人动容的时刻，现场的人们纷纷摁下了相机快门。长江日报摄影记者贾代腾飞准确地捕捉到了这一场景，以《迟到的纪念》为标题，相继刊登在境内外一些媒体上，并被评为凤凰网 2013 年度照片。特别是在 2015 年中国人民纪念抗日战争胜利 70 周年之际，这幅图片又入选中俄两国共同举办的“铭记历史，同护和平”大型图片展览。对于中国远征军的后代来讲，我只能通过这些微不足道的努力，表达对英雄父辈深切的缅怀和永久的纪念！

这些年来，我从关注父亲的壮丽人生开始，逐渐走进与他的生命息息相关的那个悲壮年代，去探寻中国远征军的那段光辉历程。当我拂去厚厚的历史尘埃，看到的是一面面弹痕累累的战旗，一个个动人心魄的英雄故事。同时我也看到，一些在枪林弹雨中幸存下来的抗战老兵，如今的境况仍然十分凄凉，还没有完全摆脱贫困。每当遇到那些经济拮据的抗战老兵时，我总是一次次地流下眼泪，心灵总会一次次地受到强烈的撞击。作为一名曾经的军人，一种感动、一种良知、一种责任，促使我投入了关爱抗战老兵的行动。就是从那时起，我开始竭尽全力去帮助那些已是风烛残年的抗战老兵。我希望通过自己的努力，让越来越多人关注这些为国家做出贡献，为民族做出牺牲的抗战老兵，能够给他们多一些帮助，多一些热情，多一些温暖。

2015年9月3日，是纪念中国人民抗日战争暨世界反法西斯战争胜利70周年的重要纪念日，为了保存和延续那段宝贵的民族记忆，人们用不同方式举行纪念活动。作为中国远征军的后代，我于2015年4月至6月，参加了由凯迪网络发起的“重走滇缅路，追寻中国远征军”主题活动。对我来说，这是今生最难以忘怀的一次特殊旅行。在近40天里，我和队友怀着对英雄先烈的崇敬之情，先后奔赴泰国、缅甸及中国云南、贵州、重庆等地，瞻仰了各地远征军战场遗址和纪念碑，拜访了20多位生活在国内或泰缅地区的抗战老兵、华侨机工抗战老人。父亲也许不会想到，70多年后，他的女儿会重新踏上他曾战斗过的土地，追寻他的足迹。在同一片天空下，感受那段悲壮而厚重的历史。

这是一次多么神圣而有意义的新远征！在此后绵延数千公里的征途中，我们时时刻刻被那些抗战老兵、那些英雄故事感动着，震撼着。同古、仁安羌、腊戌、畹町、晴隆过去只是有所耳闻，当我真正踏上这些传奇的土地时，仿佛听到一阵阵激越嘹亮的冲锋号声，看到一幅幅英勇悲壮的战斗场景。在历史的天空下，那些英雄的身影不断在眼前浮现，令人肃然起敬。我们拜访的抗战老人中，最高龄者已有103岁，他们中间的每个人，都是70年前中国远征军抗击日本侵略者的亲历者和见证者。岁月更迭，那段血与火的经历在他们的脑海中已经逐渐模糊，只留下断断续续的碎片记忆。但从简单的谈话中，我们仍然能强烈地感受到老人们内心深处的渴望，渴望人们不要忘却那段历史，不要忘却中国远征军的将士们为抵御日本侵略者所付出的惨痛代价。

然而，由于各种历史原因，在过去的70年间，中国远征军将士历经千辛万苦、流血牺牲的历史功绩，却不为人们所熟知，并没有得到后人的理解和尊重，随着岁月的流逝，正在被逐渐湮灭。许多抗战老兵甚至遭遇了许多不公正待遇，经历了无法言说的屈辱和辛酸。正是这些原因，促使我将每天行程中的点点滴滴记录下来，发到微信朋友圈里。一路走来，不知不觉竟写下了数万字的微信短文，发出了数百张现场拍摄的图片。更令人欣慰的是，这些文字和图片受到众人的关注。许多朋友每天都会关注我的微信，每篇必读。还有朋友写下了充满深情的感言，让我感觉到许多人正在与我携手同行，如影随形。

我们的这次新远征活动，同样得到了国内和部队媒体的关注。2015年6月25日，我应邀接受了中国军网八一电视《嘉宾面对面》栏目组的专题采访，讲述了父亲段国杰在抗战中的历史功绩，介绍了我在滇缅行程中的见闻和感受。这个视频节目分7期在军网播出，在观众中引起强烈反响。2015年7月，我又先后接受了中央电视台《中国影响力》专题组和香港《文汇报》的采访。正如电视台主持人所描绘的那样：历史最让人动容的也许就是，纵使时光变换，世事变更，每每驻足，总有一份不变的情怀涌上心头。

我的激情和感动，感染着身边的每一位朋友，激发起越来越多人的热情，大家开始共同关注中国远征军，关爱那些仍然健在的抗战老兵。2015年7月，我参加了“粤港青年企业家学习交流会”，面对100多位企业家和各界朋友，我做了《当我站在那片历史的天空下——我的新远征》的主题演讲。在长达一个多小时的演讲过程中，我被台下一阵阵掌声打断，有位香港女企业家甚至激动地站起来对着我鼓掌。更让我感到欣慰的是，这次学习交流会以后，一个“弘扬抗战精神、关爱抗战老兵”的志愿团队迅速地建立起来。

2015年8月30日，广州青年商会联合多家商业协会和友好单位，隆重举行了“弘扬抗战精神，关爱抗战老兵”、纪念抗日战争胜利70周年系列公益活动启动仪式。在活动现场，我们将6位抗战老兵请到主席台上，接受少先队员的鲜花和致敬，接受爱心人士的慰问，接受那份早该拥有的尊重和尊严！97岁的张访朋老人激动地从轮椅里站起来，深情地向大家讲述当年浴血奋战的经历。与会者纷纷涌到台前，将抗战老兵的光辉形象留在相机中，全场350多位代表用热烈的掌声向抗战老兵致敬，将启动仪式推向高潮。那一刻，我看到了人们对抗战英雄发自内心的热爱和崇敬，看到了抗战老兵舒展的眉头和绽放的笑脸，我的眼眶再次湿润起来。

2015年9月3日，习近平主席在纪念中国人民抗日战争暨世界反法西斯战争胜利70周年阅兵仪式上发表重要讲话中提到：“一个有希望的民族不能没有英雄，一个有前途的国家不能没有先锋。包括抗战英雄在内的一切民族英雄，都是中华民族的脊梁，他们的事迹和精神都是激励我们前行的强大力量。”70多年前，中国远征军的将士们为了挽救中华民族于危亡之中，在异国他乡血战沙场，用鲜血和生命谱写了无数可歌可泣的历史篇章。70多年后，中国人民重新追忆和认识这段尘封已久的珍贵历史，重新肯定和评价中国远征军的光辉历程和历史地位。我想，对于那些仍然健在或已经逝去的远征军将士们来讲，祖国和人民的褒奖，无疑是他们生命中获得的最耀眼、最珍贵的那枚勋章。

不要忘却那段历史，告慰逝去的将士，关爱健在的英雄，这正是我整理出版这本文集的唯一初衷！

傅晓方

2015年9月5日

目录

历史最让人动容的也许就是，

纵使时光变换，

世事变更，

每每驻足，

总有一份不变的情怀涌上心头。

缘起·父亲的远征

1 第一章

父亲段国杰是抗日战争时期中国远征军第十一集团军二军七十六师二二八团团长，在滇西缅北反攻战中奉命率先头部队冒死强渡怒江，突破日军怒江防线，为主力部队渡江全面展开大反攻立下卓越功绩。许多年后，父亲这段令人敬仰的人生，被拂去历史的尘埃展现在我们面前。我们永远深爱着他，怀念着他。从《血胆》的出版到踏着他曾经的脚印，重走远征路，一切，因他而起，还将继续。

难忘的记忆

2013 年 8 月 8 日傍晚，当我拿到还散发着油墨香的《血胆》一书时，虽然天色渐暗，但封面上父亲一身戎装、英武帅气的军人照和书名仍然清晰地映入眼帘，我顿时百感交集，泪水盈眶。这是关于父亲的第一本书，它的出版集结了许多人的心血，在这期间，因父亲结缘的许多人、事、物，交织成我难忘的一段记忆。

《血胆》衷情

父亲在世时，很少向我们提起他这段令人敬仰的人生，直到近些年我才从长兄那里了解一些，颇感震撼和崇敬，于是，萌生了为父亲出书立传，把这笔宝贵的精神财富留下来，传承后代的想法。我特别邀请了著名军事文学作家陈立华教授（笔名彼得·海洋）为此担纲。他曾著有马占山、张自忠、杨成武等国共名将的抗战纪实文学作品。当彼得·海洋教授着手写作计划时，却发生意外头部受伤，两次进行了颅脑手术。以为原有的计划要无限期搁置下去，但令人感动的是，2012 年 11 月，彼得·海洋教授在身体未完全康复的情况下又投入写作，至 2013 年 5 月底完成了 43 万字的初稿。他说是远征军英雄们激励他完成了这次不同寻常的写作。《血胆》的问世，圆了我和我的家人心中的梦想，这自然使我感到激动，也为作者的精神感动。

彼得·海洋教授向我们解读《血胆》封面设计的深刻含义：封面除

段国杰将军的照片外，上方是一幅当年美军战地记者航拍的史迪威公路的照片。这条弯曲艰险的盘山公路，是从印缅通向中国西南和内地运送抗战物资的生命通道。它不仅是用不计其数中国军民的躯体和生命铺就而成，而且在滇西缅北反攻战中，为打通这条生命线，又有无数远征军将士壮烈献身于此。下方则是一幅当年远征军主力部队强渡怒江的照片。在波涛汹涌的怒江上，在敌人的枪林弹雨中，我们的渡江勇士仅仅凭借竹筏、橡皮舟这么简陋的工具，把胜利旗帜插到敌人的阵地上。这条公路，这条江，书写着中国远征军悲壮的抗战史诗。与照片呼应，在浅棕和深灰的基本色调上，书名由红、黄、白三种颜色组成：红代表流淌的鲜血，黄代表炎黄子孙，白代表祭奠。这蕴含着缅怀为民族流血牺牲的英烈的意思，也彰显出历史的厚重感与沧桑感。

△《血胆》

正如封面上父亲的照片是被放置于史迪威公路和强渡怒江的照片背景上，父亲的英雄人生也是在这样的时代背景下成就。为父亲著书的初衷更多是记录他的英雄人生，随着深入关注和了解与他生命紧紧连在一起的中国远征军抗击日本侵略者英勇悲壮的年代，我的心灵受到一次次撞击：1943 年至 1945 年间，中国远征军 40 万将士在滇、缅、印战场浴血奋战，无数人战死沙场，用鲜血和生命在中华民族抗战史上留下极为壮烈而辉煌的篇章，也向世界展示了中华民族伟大的国际主义和民族牺牲精神。但曾经一段历史时期，中国远征军——这英雄的名字被湮没和淡忘。有良知的仁人志士痛心疾首，他们叹息，一个民族怎么能忘却这段用千千万万生命谱写而成的悲壮历史记忆？他们不了解，是怎样的尘埃掩埋了弹痕累累、千疮百孔的中国远征军的旗帜？是怎样的雨雪冲刷了那深深渗入热土的鲜血？又是怎样的雾霭让我们尘封了宝贵的民族记忆？

在中国改革开放30多年的今天，尊重历史、回归历史成为时代的呼唤。因此，通过对父亲和他的壮烈人生的追忆、颂扬，让人们铭记中国远征军这个伟大的名字和它的丰功伟绩，铭记为中华民族流血牺牲的英烈们，重拾宝贵的民族记忆，振奋伟大的民族精神，构建坚强的民族脊梁，这是出版《血胆》的深刻内涵和价值所在。而此书问世前后所产生的反响，发生的令人难忘的事情，印证了这种价值和意义。

2013年8月27日，央广新闻在《华夏之声》《香港之声》首先进行了题为《长篇纪实文学〈血胆〉细述中国远征军段国杰将军征战录》的录音报道，随后又发布网络图片新闻。2013年8月29日《解放军报》登载《〈血胆〉诞生记》特写，称段国杰将军为抗日英雄。据悉，这是《解放军报》第一次赞称中国远征军是英勇抗战的军队。同年9月中旬《广州日报》、人民网、《南航精英周刊》都以大篇幅报道介绍《血胆》。

从2013年8月中旬至9月中旬，在广州多场《血胆》新书发布会、分享会和报告会上，不论是年富力强、事业有成的企业家、机关干部，还是充满朝气的80后、90后的青年学生和创业者，都表现出同样的感动和震撼。有人在现场流下热泪，有人在微信写下感言："感谢中国远征军的前辈，愿这些历史成为和平的动力！""讲述历史，缅怀英烈，我们不可能每个人成为英雄，但我们可以站在路边为英雄鼓掌。"

中山大学CEO总裁班27期同学去腾冲举行毕业活动，中山大学博研教育联合创始人徐晓良老师特地推荐了《血胆》这本新鲜出炉的滇西抗战教科书，全班50多位同学怀揣《血胆》开始了滇西之旅。

△夜幕下的松山中国远征军雕塑群（贾代腾飞 / 摄）

松山感怀

早在《血胆》还没出版前的2013年5月，在彼得·海洋教授的建议、组织下，我们就踏上滇西土地，追寻父亲曾战斗的地方，祭奠远征军英烈。在龙陵县松山抗战遗址，我们看到了正在建设中的中国远征军雕塑群，得知是广东雕塑家李春华先生花费3年多时间、耗巨资创作并捐赠给龙陵县的。不久后，作家与雕塑家见面了。他们对中国远征军有着共同的关注和崇敬，都是用真心和真情讴歌中国远征军历史功绩的责任感。他们一见如故，作家赞叹雕塑家用独特的艺术魅力表达对中国远征军铁血军魂的颂扬，把中国远征军为民族而战的灵魂刻在人们心上；雕塑家也被作家笔下的英雄震撼，决定为段国杰将军塑像，表达对怒江勇士的深深敬意。

△与哥哥姐姐一同护送父亲段国杰将军的骨灰来到松山中国远征军雕塑群

2013 年 9 月 3 日，中国远征军雕塑群在云南龙陵松山落成，父亲的塑像屹立在卫立煌、戴安澜、罗卓英等远征军名将阵列中。12 位抗战老兵和戴安澜将军之子、卫立煌将军孙女、段国杰将军子女等远征军后裔受邀参加了揭幕仪式，我们与 400 多位来自海内外的人士共同见证了那个庄严时刻。在一个多小时的活动中，有很多令人动容的瞬间：100 岁高龄的老兵水青山在阵亡战友的墓碑前跪地掩面痛哭，宣泄内心沉积已久的思念和痛苦，令在场的人无不潸然泪下。90 岁高龄的梁振奋老人代表老兵做了一番富有激情的讲话，他还为大家唱了一首当年远征军官兵鼓舞士气的战歌，当他以一句“我们是中华民族的脊梁”的歌词结束时，虽然声音有些沙哑，举起的拳头有些颤抖，但是人们感受到这位老人内心的力量，情不自禁大声为他喝彩，报以热烈掌声。来自昆明、成都的关爱老兵社会团体，为老兵授予荣誉勋章，那一刻他们老泪纵横，悲喜交加。曾经为民族流血牺牲的远征军将士，如今终于感受到这份荣耀和尊严！

按照父亲生前愿望，我们把他的骨灰盒护送到他曾浴血奋战的松山战场，安放在塑像前，一本崭新的《血胆》庄严地摆在上面，我们把它永远留在滇西这片神圣的大地上。父亲的在天之灵，一定会得到告慰！

在2013年抗日战争胜利纪念日当天，中国远征军雕塑群落成的信息铺天盖地出现在中央主流媒体和国内各大媒体上，引起轰动。《血胆》一书则以段国杰将军和他的英雄群体铁血怒江的悲壮故事，为中国远征军雕塑群做了最生动的诠释。两个不同形式的艺术大作，再次唤起人们对中国远征军的记忆和缅怀，掀起一阵追思、颂扬英雄的狂潮。

无论是《血胆》的出版，还是中国远征军雕塑群的落成，都只是为人们展示中国远征军抗日历史功绩的冰山一角，但这足以让人们铭记这

△百岁老人水青山在雕塑家李春华的搀扶下观看他的塑像（郑讯 / 摄）

△迟到的纪念（贾代腾飞 / 摄）

△与雕塑家李春华（左二）、哥哥（左三）、彼得·海洋教授（右二）、姐姐（右一）在段国杰将军雕塑前合影（袁荣照 / 摄）

支伟大的军队，永远铭记他们为中华民族献出的血胆忠魂。他们就是当年中华民族面临危亡关头时，一根顶天立地的脊梁。我们不仅要铭记，更要传承。我们必须做这样的思考：当祖国和民族再次受到威胁和侵害时，我们是否还能像先辈那样用坚强的民族脊梁去抵御、去抗击呢？

（本文写于 2013 年 11 月 22 日，有删改）

解读我的父亲

△段国杰将军 1950 年任中国人民解放军一六七师副师长时

在知道生父段国杰的英雄事迹之后，我脑海里关于抗战的英雄往事，似乎更加丰富，更加具体，更加生动起来。后来，每当我带着女儿史芮站在天安门广场前，注视着那座象征着英勇灵魂的人民英雄纪念碑时，脑中总会浮现我父亲段国杰冲杀在抗日战场最前线时的飒飒英姿！父亲用他光辉传奇的一生诠释了军人的血胆忠骨！

对父亲参加抗日战争峥嵘岁月的总结，在彼得·海洋教授写的《血胆》一书的序言中，已用客观的、脉络清晰的编年体叙述方式梳理总结出来。在本文中，我征得彼得教授的同意，再次引用这篇序言。

“希望一切严肃的历史研究家和著作家，能够共同努力，利用各自所能掌握的一切真实资料，为这次战争写下有悠久历史价值的科学巨著。”[1]

正是本着这一创作精神，我走进了段国杰将军的峥嵘岁月。

---

[1] 中国社会科学院原院长胡绳在纪念中国人民抗日战争暨世界反法西斯战争胜利 40 周年学术讨论会上的讲话。载于《人民日报》1985 年 8 月 29 日第一版。

段国杰——河南省洛宁县元窥村一个农民的儿子，生于1910年4月。他19岁时从军的目的很简单，混出一个人样儿来，回到家乡教训恶霸地主，为父亲报仇。

然而，1931年发生了九一八事变，日军占领沈阳，11月份马占山将军血染黑土地，这一系列事件让当时21岁的段国杰心潮澎湃不已。日本鬼子的枪声让他有了新的人生目标：当一名保家卫国的军人！这时的他恨不得立刻领兵征战于黑龙江，与马占山将军并肩作战。

1933年1月3日，日军攻占山海关，2月攻占热河，国民革命军二十九军在长城抗战的炮声使段国杰再次感悟到了中国军人的责任、义务、使命。特别是张自忠将军又是他的北方老乡，段国杰十分敬佩他在长城抗战中的卓越战绩。

1937年7月7日，日军制造了卢沟桥事变，当时27岁的段国杰想着若能战死在抗日战场上，也算是实现了人生价值！

终于，段国杰迎来了亲赴抗日战场与日本鬼子厮杀的机会。

1937年8月13日，日军进攻上海，淞沪战役就此打响了。时任国民革命军七十六师辎重兵营营长的段国杰，率领部下在福山口与日军血战三个月。上海最终于11月12日失守，段国杰含泪掩埋了战死的兄弟们，奔赴下一个抗日战场。

1938年10月21日，广州失守，段国杰与他的兄弟们在韶关再与日军血战。1939年12月18日，段国杰时任七十六师二二八团副团长，奉命在昆仑关八塘、九塘、宾阳等地与日军拼杀。1940年1月11日，当昆仑关获得全胜之时，铁血汉子段国杰抱着阵亡的孙车明排长跪地仰天大吼：兄弟们，我们胜利了！

1944年5月12日夜，时任第十一集团军二军七十六师二二八团团长的段国杰，率一个加强团强渡怒江的绞杀战拉开战幕，军长王凌云命令必须攻下战略要地大尖山。一夜血战，5月13日，日军从芒市等地调集兵力，其中山炮十门，迫击炮数十门，于当晚运抵大尖山脚下。当夜，段国杰亲率敢死队下山，捣毁敌人的山炮和迫击炮。5月14日，打垮敌军四次进攻，率领部队挺进大尖山，掩护集团军渡江作战！

1944年6月14日，段国杰在平戛追歼敌军时负伤，被抬下战场，但他的敢死团越过高黎贡山，向滇西鬼子反攻，一个多月后夺取马面关、桥头；6月21日，再夺江苴街；6月28日，进抵腾冲。

1944年8月20日，段国杰康复重返前线；8月26日，率部下突入龙陵城，夺取日军核心工事。其后转战松山，打通松山与龙陵的交通，为大军增加了一条补给线。

1944年10月25日，段国杰与友军协同攻克芒市、遮放。

1945年1月20日，段国杰与友邻部队攻克畹町；1月27日，进抵芒友与兄弟部队胜利会师；3月8日，担任进攻腊戌先遣团，血战中亲手打死日军中佐腾九胜三；3月30日，段国杰在乔梅与英军会师，英军副师长乔尔顿热情拥抱他并大赞：中国英雄！

段国杰部队突破怒江，为其后的腾冲、松山、龙陵、芒市、遮放、畹町、八莫、南坎、芒友、新维等著名战役的辉煌战绩奠定了基石，并为光复缅北打下了基础。这是段国杰在抗日战争史上具有历史意义的非凡贡献。正是这一战功，二军军长王凌云、副军长钟松获国民政府青天白日勋章，七十六师师长刘平获五等宝鼎勋章，段国杰获三等云麾勋章。

正如原军事科学院院长宋时轮在《不可磨灭的历史贡献》一文中指出的："中国抗日战争，不但在战略上配合了美英盟军的作战行动，而且与盟军实行了战役上的协同作战，为最后击败日本法西斯做出了自己的贡献。1942年春，中国派出三个军入缅援英作战，1943年11月到1945年3月，中国先后以8个军，共22个师的兵力，在中国的滇西和缅甸北部地区与盟军共同对日作战，并收复了密支那，为东南亚人民的解放尽了力。”

段国杰正是这千万位英雄中的一员。

今天，我们重温段国杰将军曾经经历的那段热血沸腾的岁月。我想起2005年，我应邀担任中央电视台纪念反法西斯战争胜利60周年节目的嘉宾时，曾引用一位名人的话讲：“我们不可能每个人都成为英雄，但我们可以站在路边等着，当英雄路过时为英雄鼓掌！”

《血胆——中国远征军段国杰将军征战录》正是为段国杰将军与千千万万抗日英雄鼓掌。

由于作战英勇，父亲在参加战争的岁月里，由一名文书逐渐升任为排长、连长、营长、团长、旅长、师长。若历数父亲在抗日战争中的功绩，莫过于滇西反攻战。那段经历书写了父亲人生中最精彩的一笔，充分展示了他的民族魂、爱国心，展示了他英勇抗战、不怕流血牺牲的英雄风骨和出色的军事指挥才能。父亲生前撰文《远征回忆》对此次战役也做了如下叙述：

我当时任二军七十六师二二八团团长，奉命率一个加强团为渡江先头部队。我首先在官兵中动员，控诉日军在我沦陷区的滔天罪行、血迹斑斑，激发了全团官兵同仇敌忾的斗志。

渡江前，我在镇康三江口赶制大批竹排，有意将行动暴露于敌前，以诱其注意力。5月12日薄暮，我以小部队在三江口佯攻，主力在黑滩渡口乘橡皮筏及木船渡江。待我团渡过大部分后，日军始发现，我立即以一个营的兵力占领平戛大尖山，掩护渡江部队，再率余部以迅雷之势进军平戛，激战数小时后，将日敌五十六师团一个中队和伪军游击队击溃，毙敌70余人，生俘伪总队长蒋三元等4人，缴获了不少粮食弹药，残敌向芒市方向逃窜。

14日，敌由芒市增援，向大尖山反扑，自晨至暮，连攻三次均被我部击退。入夜，日军第四次进攻，占领与大尖山相连的一个山头，战况激烈。我集中全团30余门迫击炮、火焰喷射器，将敌占山头打成一片火海，残敌溃逃。我团坚守大尖山27天，完成了掩护主力部队渡江的任务。6月9日我二军主力渡江；10日，我团向在平戛之敌进攻，将敌击溃。

大尖山是怒江西岸的战略制高点，是通往平戛、芒市这两个战略要塞的必经之路。此役父亲负伤。父亲因怒江反攻战的杰出战绩，获得当时国民政府颁发的三等云麾勋章，后升任十五军二四三师师长。

△段国杰将军1950年任中国人民解放军一六七师副师长时留影

1949年，“消灭蒋家王朝，解放全中国”已成为势不可挡的历史潮流。父亲率部于1949年12月在四川郫县参加了国民党第二十集团军起义。

父亲这一壮举绝非偶然，这是他对国民党及其政府腐朽败落的极其不满以至彻底失望的最终选择。郫县起义是国民党元老张钫在我地下党与第二十集团军司令长官陈克非之间进行的，父亲段国杰从中穿针引线，从而促成此次起义壮举。

这次义举在长篇纪实著作《中将秘录》中做了详细描写。起义后，父亲加入了中国人民解放军，任第五十军一六七师副师长。

△ 67 岁时的段国杰将军

后来，父亲转业到地方工作，先后担任湖北省内河航运管理局副局长、湖北省交通厅副厅长、湖北省人大和政协常委。在之后的汉丹铁路建设中，父亲被委任建设指挥部省直师师长，该项工程质量名列前茅的优异成绩，受到省领导的一再表彰。

1985 年 8 月为纪念抗战胜利 40 周年出版的《海峡两岸百名爱国将领书画集》，收录了刘华清、张震、程思远等百位爱国将领的书画作品，父亲的照片和书法作品也在其中。他写道："庆两党团结抗日共雪国耻，促三次携手合作同振中华。"15 年后，父亲安详辞世，享年 90 岁。

解读父亲的人生，为父亲著书是我多年的愿望。2013 年，再现当年英勇的远征军将士强渡怒江、大败日本侵略者、拉开滇西反攻战胜利序幕的精彩纪实文学作品《血胆》终于出版并献给广大读者。跟随这本书，我们走进那段虽已远去却不能忘记的历史。在那片历史的天空下，我们看到段国杰将军和千万远征军将士的身影，感受他们悲壮的民族之魂带给我们的心灵震撼。文字将这段历史凝固，让后人永志不忘！借此与读者共同缅怀在滇西缅北反攻战以及在抗战中为国捐躯的英烈们，同时也借此来寄托我和我所有的亲人对我们的英雄父亲——段国杰将军深深的敬仰和永远的怀念！

共同的怀念

我是一个有着两位英雄军人父亲的女儿。由于亲生母亲生我时情况危急，为保我生命选择舍弃自己生命。悲痛的父亲看着早产不足月的我，还哄着膝下三个大哭不止的哥哥姐姐，自觉无力养育奄奄一息的婴儿，万般无奈之下把我托付给了因战争年代落下病根不能生育的老红军傅培章夫妇。

我在红军父母的爱护下成长，未曾知晓自己的身世。直至16岁的一天，养父含泪告诉了我真相："爸爸告诉你这件事有三层意思：一是你成人了，有权利知道自己的身世；二是你永远是爸爸妈妈的亲闺女；三是无论是共产党的爸爸还是国民党的爸爸，都是军人，都是为祖国独立，为民族解放，为抗击日寇浴血奋战的英雄。"

少年的我当下不能接受事实，转身拉开房门，一头冲进瓢泼大雨的黑夜里，放声大哭，为此，养母岳琴还跟养父大吵一架。当时的我并不知道亲生父亲段国杰是二战时中国远征军英雄，因在滇西缅北反攻战——强渡怒江战役中声东击西取得胜利立下战功，于34岁就晋升少将军衔。但是从此，在我心中便种下了一颗亲生父母的种子。

再大一点成了家，才听人们说起，生父段国杰的高尚品格以及更多的英雄事迹，也知道了他从来没有忘记他的小女儿，在我小时候背着书包上学时，曾一直跟在后面偷偷目送我进校。他偷偷看着我长大，知道我参军、立功、入党、提干、当副政委。但他只是默然开心，顾及养父母感受没有认我。

我知道后内心五味杂陈，然而，还是在善良通达的养父母的支持下，带着女儿——他的亲外孙女去与他相认。去父亲家那天晚上，在众人面前，他开始表现得十分客气，互相握手，带着一贯的军人礼仪。私下时，他向我道歉。已经身为人母，体会爱儿之心的我表达了对当年父亲无奈选择的理解，也终于对他说出心里话：“爸爸，谢谢您！”父亲眼泪一下涌了出来，他紧紧地拥抱着我，他懂得女儿说这一声“谢谢”的含义有多么丰富，多么深情。

认回父亲之后，我也就同时寻回了我的亲哥哥姐姐。在我缺席的日子里，他们在父亲身边，受他的呵护而成长，又回报他的养育恩情。父亲在战场上是一位英雄，在工作中是下属的榜样，在生活中是一位以身作则的慈父。而这些细节，皆通过哥哥姐姐的回忆和叙述，填补了我对父亲认识的空白。

父亲去世时我不在身边，此后才从哥哥姐姐那得知。万分遗憾的我始终抱着要为父亲身后做点什么的愿望。在我与哥哥姐姐一起努力之下，在彼得·海洋教授的亲历创作下，共同促成了《血胆》一书的出版。在出版之际，哥哥姐姐也写下了文章《深深的怀念》，表达了对父亲的追思，这篇文章也使这位从战场走下来，走进工作生活中的严父良师的形象更加丰满起来。

以下是《深深的怀念》一文，是根据大哥段宁华、二哥段建华、姐姐段立华有关回忆文章整理。

《血胆——中国远征军段国杰将军征战录》追思了1944年中国远征军强渡怒江的英勇故事，再现了父亲段国杰和千万远征军将士在抗日战场的英勇功绩。在我们心中，父亲不仅是民族英雄，也是教育、培养我们成长的严父良师。他的优秀品格，一直影响和激励着我们。

△ 20 世纪 50 年代段国杰将军一家合影

汉丹铁路线之地的“大禹”

20 世纪 50 年代，父亲从部队转业到地方工作。1958 年，湖北省政府修建从汉口到丹江口的铁路。父亲时任省交通厅副厅长，被湖北省省长张体学器重，担任省直修建汉丹铁路师师长。张体学省长曾说：“段国杰能干，也能干好！”

父亲用他的行动证明了这一评价的正确性。他吃住都在工地，有一次，我们听说父亲回武汉开会，高兴极了，家里准备了一桌丰盛的饭菜，我们还到大院门口去等，但最后他还是让我们失望了。我们很长时间见不到父亲，年幼的弟弟妹妹几乎快要淡忘了他的模样。那几年，即使是新春佳节，他也冒着严寒带队在工地巡视，看望坚守在一线的建设者，送去节日的物资和问候，检查施工进度和安全。那时我（长子宁华）对父亲很钦佩，感叹他就像古代治水的大禹，几过家门而不入，了不起！

父亲的言传身教

父亲很爱我们，但对我们从不溺爱，他常教育我们：小孩子要能吃苦，不要贪图享受。每逢休息日，父亲会带领我们在家做清洁卫生，拖地板、擦门窗，培养我们的劳动意识。上小学后，他还要我们学习做简单的饭菜，培养了我们的动手能力，成了父母的好帮手。

父亲教育我们的另一个重要内容是不搞特殊化。20 世纪 60 年代，我国遭受严重的自然灾害，按规定上级部门每月配发给父亲特供票，可以到汉口饭店进餐改善伙食。但父亲不愿享用这些照顾，就把票上交给单位，他说："现在有多少人吃不上饭，我们不能太特殊了！"多年后，父亲说起那时不愿意带我们去汉口饭店吃饭的原因，是担心滋长了我们的特权思想。

随着国家经济形势好转，父亲所在单位过年时会到农村采购一些家禽、肉、蛋等食材，分给干部职工。父亲作为厅级干部可享受优待，多分一些，但每次他都绝不多拿。

父亲一生清廉，公私分明。一次保姆想拉一条晾衣被的铁丝，父亲所在的交通厅下属有几个汽修厂，铁钉、铁丝之类的小物件随处可见，司机师傅从厂里拿来一卷。父亲知道后，严肃地批评说："公家的财物，哪怕是一颗螺丝钉，我们都没有权力私用。"后来父亲到五金店花钱购买了回来。但对国家的需要他却毫不吝啬。抗美援朝战争期间，父亲把家里多年积攒下来的七两黄金全部捐给了国家。

逆境中，父亲教会我们自强不息

在“文革”时期，父亲受到政治冲击，每天被派去扫地，干些体力劳动。有一天，父亲发现我（立华）在偷偷掉眼泪，他语重心长地说，“人生道路不是平坦的，越是坎坷，越是能锤炼人的意志。”

那几年，我们兄妹三人先后离开武汉，有的进了工厂，有的下乡当了知青。父亲那时还处于被“改造”的困境中，有时晚上还要拖着疲惫的身子给我们写信，为我们送来温暖和慰藉。那些年，是父亲的家信，给了我们勇气和力量，教会我们在逆境中努力前行。

我（长子宁华）大学毕业分配在一家机械厂，在那个宣扬“读书无用论”的年代，我追求知识的热情没有泯灭，我坚持刻苦学习研究，最终我的科研成果和论文得到认可，被一所高校吸纳，成为计算机专业的资深教授。

我（次子建华）曾是一名从事化工专业的技术人员，父亲告诫我，这份工作责任大如天，我记住了父亲的话。1982 年 9 月 8 日凌晨，在巡查至易燃易爆的压缩机厂房时，一丝漏气声引起了我的注意，一查原来是高压管产生裂痕，这意味着一起剧烈爆炸随时可能会发生，我不顾个人安危，采取果断措施，避免了一场重大爆炸事故，为此我被荣记一等功，荣获湖北省劳动模范称号。

我（长女立华）当知青时在农村当了赤脚医生，刻苦自学医术。国家恢复高考制度后，我考入大学，成为一名疾病预防控制方面的高级人才。

我们的成长完全是父亲言传身教的结果。父亲一身正气，他的高尚品格是我们的宝贵精神财富，将会被我们以及后代子孙们永久传承。

由于当时特殊的家庭背景，在父亲的几个孩子中，也只有我又继承

△ 20 世纪 80 年代段国杰将军一家在家中

了父亲的职业，成为了一名军人。冥冥中，我的血液里就是流淌着军人的鲜血。陪伴父亲左右的哥哥姐姐们不能继承的，由我这个缺席在他身边的女儿来完成。我想当年父亲默默知道我的军旅生涯时，内心一定是感到欣慰的。

由于我是几个兄弟姐妹里年纪最小的，又遗憾父亲在世时不能尽孝，因此，为父亲身后做一些编书立传、传播抗战英雄事迹的事情，是我更要肩负起的任务。

慈父远走，留下我们这些子女对他共同的怀念。

滇西追寻英雄父亲的足迹

为了追寻当年父亲段国杰率部强渡怒江天险，出生入死浴血奋战的英勇足迹，在彼得·海洋教授的建议和组织下，我们第一次踏上了滇西的土地，去瞻仰父亲曾经英勇战斗过的地方，去缅怀和祭奠父亲和千百万远征军将士的不朽英灵。

初到滇西

2013 年 5 月 27 日下午，脚伤未愈的我，坐着轮椅，在女儿史芮和侄儿明亮的陪同下，与彼得·海洋教授一同乘机飞往云南芒市。经过 3 小时飞行，到达云南德宏傣族景颇族自治州首府芒市潞西机场。机场不大，但浓厚的东南亚风格建筑却别具风情。我是生平第一次来到滇西，飞机落地的那一刻，一种按捺不住的激动涌上心头。龙陵县委宣传部部长、副部长、科长及平达乡文化站站长等 6 人早已在机场等候，派来两台越野吉普车迎接我们的到来，我激动的心情又平添了许多感动和感激。

上车后，年轻、干练的女宣传部部长董斯璇热情地为我们介绍当地情况。龙陵县是云南保山市属下的一个县，有 3 个镇 7 个乡近 27 万人口，28 个少数民族分布于此。这里曾是滇西抗战的主要战场，有松山抗日战场遗址。现在还建有热矿泉度假区、自然保护区等景点，自然资源十分丰富。交通也方便，芒市机场是离龙陵最近的机场。董部长还谈到她对滇西抗战历史及对教授一些作品的理解，可以看得出她对先烈的敬仰和对教授的尊重。

经过 40 分钟车程，我们来到龙陵县城所在地龙山镇。东道主安排了滇西风味的丰盛晚餐为我们接风。用餐的酒家坐落在一个庭院内。走上高高的石阶来到前厅，墙上挂满照片。“这是电视剧《滇西 1944》的剧照，这院子是该剧的一个拍摄点。”董部长介绍说。我看过这部电视剧，立即饶有兴致地端详那些熟悉的剧照。再往里是个宽敞的院子，院中有树木、盆栽、渗着水渍的石板、黑漆的木制门和精致的小方格窗，《滇西 1944》给这个小院笼罩上一层历史气息，我找到剧中女主角——重庆特工沈大小姐诊所的影子，仿佛时光穿越回到那岁月。

晚餐席间，东道主用颇具特色的佳肴和热情的言谈举止，让我们感受了滇西人的质朴与好客。董部长向我们介绍，多年来龙陵县委、县政府很重视发掘远征军在抗日战争中的历史功绩，整理、编辑出版了一批书籍，而且还在不断地征集有关史料，寻找远征军老兵，建设远征军纪念广场，宣传远征军历史。她表示一定尽最大努力帮助我们完成这次滇西之行计划。

用餐后，已经快晚上 8 点了，但天空还是亮的，就像广州的黄昏时分。日落后的天空，吹来徐徐清风，四周飘着泥土与植物的芬芳，与广州的闷热和汽车尾气污染相比，这里舒适惬意得多。当晚我们入住龙陵宾馆。夜幕下的龙陵，滇西这个古老的边城，没有大城市的喧嚣。经过白天的劳顿，我和女儿很快进入了梦乡。

追思大尖山

第二天，我们离开龙陵县城驱车前往平达乡，开始追寻之旅。县委宣传部的邓科长和平达乡的杨师傅分别为我们开车当向导，足见当地政府的重视。

平达是龙陵县下属的一个乡，这个曾经叫作平戛的地方，正是当年父亲血战的战场。1944 年，父亲率领他的加强团成功强渡怒江后，立即率部攻克了大尖山，进而占领了平戛街子。

大尖山是怒江西岸的战略制高点，是通往平戛、芒市战略要塞的必经之路。日寇在这里设重兵把守，因此无论是攻克大尖山还是据守大尖山，战斗都十分惨烈。日、伪军组织了无数次的疯狂反扑，但是远征军将士更是英勇无畏！他们一次又一次打退了敌人的进攻，终于完成了坚守大尖山并掩护主力部队渡江的任务。父亲因在此次战役中指挥得当、身先士卒、英勇杀敌而晋升为少将军衔。

平达乡的杨师傅告诉我，从龙陵到平达大约需要两个半小时的车程，天气不好的话时间会更长。走了一小时，路越来越窄，两车道变成一车道，水泥路变成沙石路。汽车在高低不平的路上颠簸起伏，接连不断的急转弯让人眩晕。女儿难受得下车吐了三次，把早餐食物吐个精光。

中午前到达了平达乡。眼前一片开阔地，一条笔直的水泥路直通前方。路两边田里长满阔叶植物，一片绿油油的，与这绿色交相辉映的是错落在田埂上山坡上一座座白墙灰顶的民宅。杨师傅说，这就是平达乡了，他们叫坝子。田里长的植物是烟叶，是这里主要的经济作物和收入来源。

汽车在坝子里穿行，路边的民居、店铺、学校、在建的工地和三三两两的行人掠窗而过。在一个转弯处，我看到“平达乡文化站”的牌子，有几分亲切。那是一路陪同我们的乡文化站杨站长的办公室，他是我们这次滇西之行的第一联络员，为此费了不少心血。很快来到乡政府的院子，杨站长张罗着介绍乡政府的同事，还泡了当地好茶招待我们。教授抓紧时间在乡政府转转，仔细察看平达乡地图，向大家了解情况。中午时分，乡政府杨副乡长与我们共进午餐。这位80后的年轻人虽然话语不多，但与他聊起关于耕地和山林保护的问题时，可以听得出他对国家的大政方针及基层政府所担负的责任，思路是清晰的。杨副乡长告诉我们，乡主要领导听说了我们来的意图，很重视，专门派出乡政府人称“活地图”的资深司机全程为我们开车带路。

饭后，我们往平达大尖山方向赶路了。“活地图”李师傅，一个皮肤黝黑胖墩墩的滇西汉子，开一辆被教授戏称为“装甲车”的213北京吉普，在前面开路。离开乡政府没几分钟忽然下雨，雨点打在挡风玻璃上，越来越密，我有点着急起来。奇怪的是，这雨点还未来得及打湿路面便渐渐停了，太阳还悄悄地从云层里钻了出来，真是天助我也！

大约半个小时，前面的“装甲车”停了下来，给我们开车的邓科长手指前方说：“那就是大尖山！”

大尖山！我朝思暮想的地方，我魂牵梦绕的地方，我敬爱的父亲最壮烈的人生历程与你紧紧相系的地方，今天我终于看到你了！

我深情地遥望着那跌宕起伏的山脉，郁郁葱葱的山脚下，有几个村落，青山、绿田、灰白相间的屋子，还有飘散在空中的一缕烟，好一派恬静、安宁的景象。孰不知战争年代的那些日日夜夜，这片美丽的土地却在日寇的铁蹄下呻吟，而父亲段国杰也正在这里与日寇做殊死搏斗！我仿佛听到了当年鏖战的枪炮声，也仿佛听到了父亲激励部下的惊天誓言：“若攻不下大尖山，我便在此以身殉国！”

汽车驶上大尖山的盘山路，一个弯接一个弯。据邓科长说，大尖山海拔2000多米，满山乱石嶙峋，当年日寇就是凭借其险负隅顽抗的。从山下冒着敌人的枪林弹雨强攻到山顶，难度有多大真是难以想象！

车在山上的一个转弯处停下来，李师傅指着一片树林中的小道：“据说当年远征军就是沿着这条路爬到山顶，占领制高点的。”大家纷纷下车走到林中察看。我听说这还不是大尖山的最高峰，请李师傅继续带我们往上走。

车开到一个山梁上，已经看到山那边的村庄。李师傅说：“这是大尖山的一个制高点，但真正最高处是那里！”他指指不远处的一座山峰，只是车无法过去。

△大尖山的祭拜

教授建议就此下车，在旁边山坡上找一个平坦的地方进行祭拜。这里无法用拐杖行走，明亮把我背到坡上。大家把备好的烟、酒、茶、水果及香、纸钱、炮竹拿来，我委托女儿史芮代表家人全程操作。教授指点她一一摆放好祭品，斟上茶酒，李师傅帮忙点香，明亮在一旁全程录像，留下宝贵的瞬间。

我首先为父亲敬香，接过点燃的三柱香，双手合十，闭目默哀，然后深深地三鞠躬。那一刻我的泪水止不住夺眶而出，脑海里浮现着当年远征军将士们血战的悲壮情景。

史芮把点燃的香，高高举过头，双眼紧闭，默默祈祷，然后三鞠躬向外公表示深深的缅怀和敬意。她还把所有点燃的香插进泥土里，代表全家人祭拜。

教授把酒洒在祭品周围，手持香，神情凝重，此刻他也许又重新回到《血胆》中。他曾说，在查阅大量史料和写作的过程中几番落泪，被段国杰将军和他的官兵们的英勇悲壮震撼。

邓科长、杨站长等都依次进行祭拜。最后，史芮点燃了鞭炮，噼噼啪啪的炮竹声回荡在山间。

在即将离开的那一刻，女儿扶着我，我对着大尖山，对着远在天国的父亲说："爸爸，今天我带着您的外孙女史芮，带着哥哥、姐姐和全家人对您的思念，来到您战斗过的大尖山。我请军事文学作家把您人生最辉煌壮丽的一段记录下来，我们会永远记住您和您的英雄壮士们，愿您在天国永远安息宁静！"最后我向父亲和所有远征军的英烈们庄严地敬上一个军礼。

从山坡下来，遇见在路边等候的平达乡党委书记郑明友。他对我说，在平达工作过的人都很熟悉段将军他们的那段历史，平达老百姓中也流传很广。他在龙陵、松山工作时也听说过大尖山是怎么打下来的，很悲壮，听了教授的介绍印象更深刻。"我们会永远记住你的父亲和那些英烈们的。"郑书记深情的话语令我十分感动。我说："如果当年没有当地百姓的支持，战争那么惨烈，是不可能有后来的胜利的。"郑书记还很期待《血胆》的出版，说一定第一时间拜读。

汽车由原路返回，我望着窗外沉思，大尖山当年的枪炮声已随着岁月的流逝而远去，但勇士们的忠骨、英灵永远留在这群山中。那漫山遍野枝繁叶茂的常青树，不正是不朽生命的象征吗?

寻找黑滩渡

离开大尖山，当日下午，我们赶到了毗邻平达的勐糯镇。听说这里距离怒江不远，稍作休息，我们迫不及待请东道主带路前往。镇文化站滕站长，一位热情的傣族姑娘给我们当向导。走过山野，经过一个边防检查站，我们来到一座百余米长、横跨怒江的钢筋混凝土拱形桥上，上面"打黑大桥"几个大字十分醒目。走上大桥，绵延的江水尽收眼底。见到怒江与见到大尖山同样激动，因为它们有着共同的意义。

△中国远征军当年强渡怒江的场景（资料照片）

我倚着大桥护栏俯看怒江，这段江面宽约百余米，江西岸的山岭虽然不很高，但江岸很陡峭。也许是雨季的原因，江水混浊发黄，虽然没见到汹涌的波涛，但湍急的水流不时也泛起阵阵漩涡。这来自遥远的青藏高原唐古拉山的雪水之源，在我们的脚下奔腾流向远方。父亲曾用自己的生命在怒江上搏浪击流，此刻我站在这里，仿佛怒江的波涛在胸中拍打，久久无法平静！

站在怒江边，教授自然要讲到当年段国杰将军带领他的加强团强渡怒江的壮举。他说，段将军的部队原来驻扎在镇康，接到战斗命令强渡怒江是在一个叫黑滩渡的地方。他是一位有勇善谋的指挥官，先在三江口佯攻。教授拿出一张地图向当地干部询问这些地方。滕站长专门联络了一位当地村委的秦主任。从打黑大桥前行 10 分钟，秦主任在那里等候我们。他指着上游对岸说："听老人们讲，这里曾是个渡口，当年远征军就是在这里强渡怒江的。""他们用竹排子渡，一个排子坐七八个人，后来还加上马达。竹排从对岸一放过来，水很急，就一下飙到（冲到）我们站的这个岸边，从这里上岸然后从对面山上小路翻过去。”他指指我们身后的大山。教授问：从这里到大尖山大约要多长时间？秦主任回答四五个小时，教授希望能够发现当年的主要渡口“黑滩渡”。于是大家围绕这个重要的问题各抒己见讨论起来。因为“黑滩渡”“营盘坡”“稻坡”“三江口”“大尖山”这些地名个个都与当年强渡怒江的历史紧密相连！这些地名个个使我们魂牵梦萦！路边不断有拖拉机、摩托车、长途汽车开过，车的轰鸣声丝毫没影响到大家激动的情绪。

历史的岁月远去，也许我们一时不能找到当年的渡口“黑滩渡”，但是父亲和远征军将士们在怒江上的英雄壮举，早已汇入这生生不息的怒江，千古流传！

驻足三江口

第二天，我们从勐糯镇出发，沿着怒江一路北上，饱览怒江沿途风光。怒江在云南境内有650公里，龙陵这一段属下游，河谷较开阔，落差也降低，虽然没有上游怒江大峡谷那般的奇峰秀岭、惊涛拍岸，但有首尾不相见、源远流长的壮观。

我们的越野车有时候沿着江边疾驰，狭窄的道上一侧是山壁，另一侧则是几十米悬崖下的滔滔江水，让人会有几分心慌。但抬头望远，未散去的晨雾像白玉飘带缠绕着两岸的山峰，你又会感到那么养眼和舒心。有时候车又会盘旋在高高低低、弯弯曲曲的山路上，爬上高坡，你突然感觉景色一览无余。远处的怒江波光粼粼，像一条蛟龙在山谷中奔腾跃过，消失在茫茫天际。当车钻进江边的村庄时，挂满黄灿灿玉米的村屋，仿佛满目是秋天收获的景象。

汽车行进了一个多小时，还没走出勐糯镇。我们眼前出现一片开阔的河谷和江面，“这里是三江口！”又一个熟悉的地名！车停下，明亮背起我沿着一条长长的沙石坡走到江边，这里是一大片干涸的江滩。站在滩上清楚可见对岸峰峦叠嶂，包围着怒江。杨站长介绍说眼前的三江口是怒江与苏帕河、帕掌河的交汇处。不远处宽阔的江面，几个方向涌来的江水汇合在一起，冲击起波涛，一浪高过一浪地奔流着，突然一个转弯，消失在山谷的后面。

大家站在江滩上，静静地听着教授讲述那段历史。当年父亲在强渡怒江前，就先用一支小部队在三江口佯攻，故意暴露给日军，声东击西，给日本鬼子一个措手不及。父亲生前为纪念抗日战争胜利40周年撰文《远征回忆》中就有很详细的记载：

渡江前，我在镇康三江口赶制大批竹排，有意将行动暴露于敌前，以诱其注意力。5月12日薄暮，我以小部队在三江口佯攻，主力在黑滩渡口乘橡皮筏及木船渡江……

望着对面陡峭的江岸，史芮不禁问：“怎么上去啊？”教授接着给大家讲了一个感人的故事。他说，当年日军在怒江西岸建了很多暗堡，造成远征军很大伤亡，为了端掉暗堡，当地郑家几位儿女都参战，女儿踩着人梯，把炸药包绑在竹竿上塞进暗堡，结果，她与日本鬼子同归于尽。教授感叹，郑氏家族对强渡怒江做出了这么大的牺牲，功不可没啊！应该永远记住他们！

听着教授的讲述，望着眼前奔流不息的江水，大家久久驻足在这里，任思绪飞翔。史芮在江滩上跑着，拍下一张张照片，也许她想把这段历史永远留在脑海里吧。

亲睹惠通桥

汽车继续前行，离开勐糯镇进入了腊勐乡的范围。走着走着，感觉怒江两岸的山越来越陡峭，不久，眼前出现了一座比打黑大桥更长更宽的拱形大桥。我们在桥头下了车，得知此桥叫红旗大桥。这桥颇有气势，桥长 200 多米，设置了两车道和行人通道。站在桥上向北望去，几百米处有一座铁索桥横跨江上。听说那就是闻名遐迩的惠通桥，大家一阵兴奋急忙上车，一踩油门就到了惠通桥头。

一个刻有“惠通桥”三个大字的石碑立在路边。顺着长满灌木的小径向江边走去，一片开阔的草地边，惠通桥近在眼前。青石桥墩牢牢站立在江中，任凭江水的冲击拍打纹丝不动。长方形城门般的桥塔高耸在两岸，像两只巨臂支撑起粗大的钢缆、吊杆和纵横交错的桥轨，高悬于江上。斑驳的桥塔上还可见到一些弹孔，向人们诉说它经历的战火与沧桑。1942 年 5 月，中国远征军兵败缅甸，节节撤退。5 月 3 日，我国西南国门畹町失守，5 月 4 日，芒市、龙陵相继沦陷。日军沿滇缅公路逼近怒江西岸，企图夺取惠通桥东进入昆明、重庆。为防日军东进，远征军工兵总指挥少将马崇六下达命令，如有紧急敌情炸桥阻敌。5 月 5 日清晨，从缅甸、芒市、龙陵向内地逃难的车潮水般涌向惠通桥。日寇伪装的军车也混入了逃难车队。上午 8 时许，龙陵商人何树鹏从保山返回龙陵，车过西岸，得知龙陵已沦陷，即调

△ 1944 年 7 月 17 日，惠通桥基本恢复通车，后续的部队和物资通过怒江增援松山战场（资料照片）

△通过惠通桥运送物资的情景（资料照片）

头返回保山，情急中车辆损坏横于桥上，造成拥堵。守桥宪兵上前疏通，得知难以修好即指挥桥队工人将车推入江中，车主极力阻挠被当场击毙。这时，混在难民中的日军先头部队闻枪以为被发觉，即交火开战，企图强行通过。在这千钧一发的危急关头，工兵二十四营营长张祖武奉命果断炸桥。瞬间，“轰”的一声巨响，桥塔和主索被炸毁，120米长的惠通桥像被拦腰斩断的巨龙沉入江中。正是这一果断的行动，把拥有机械化装备并附10门大炮的日军五十六混合步兵师团的3000多人堵在了怒江西岸，从此敌我隔江对峙整整两年，直到远征军大反攻，惠通桥又在炮火中重生，为中华民族再立功绩。惠通桥，是一座改写了中国抗战历史发展进程的特殊桥梁！

在惠通桥，我们偶遇上海电视台的媒体记者，他们也是追寻历史而来，拍摄滇西抗战专题节目。听说我们的来历，他们马上围住教授即兴采访。教授向他们介绍了即将面世的《血胆》和主人公段国杰将军在滇西反攻战中的功绩，话语间饱含了对远征军将士的无比崇敬。当被问到来滇西的感受，教授富有激情地回答：“我来到这里感到热血沸腾。我虽然没有参加那些战役，但正如美国总统罗斯福说的那样，我们不可能每个人成为英雄，但是我们可以站在路边为英雄鼓掌。现在我们就是站在惠通桥边，为过去的抗战英雄鼓掌。”

听说我是段将军的女儿，媒体朋友自然也穷追不舍。我向他们谈到这次不同寻常的滇西之行的意义，也谈到踏上滇西土地激动的感受：一路走过的不论是芒市、龙陵、平戛、三江口还是惠通桥，都是当年的抗日战场，也留下父亲的战斗足迹。脑海里总是浮现父亲与远征军将士们在这里英勇抗敌的情景。我说，我们中华民族八年抗战，滇西反攻是其中的一段，这段历史不应忘记，所以我委托军事文学作家彼得·海洋教授写《血胆》一书，就是为了给我们的家人，给后代留下宝贵的精神财富，同时也是为永远缅怀在抗日战争中牺牲的所有英烈们。

当媒体朋友问到段国杰将军是否到过惠通桥，教授颇显激动，他以查阅大量史料为依据，做了这样的诠释："如果没有段国杰将军他们在上游成功强渡杀过去，惠通桥是不可能修复的。如果他们的部队打败了，不可能有后面的战斗的胜利，所以惠通桥是与他的灵魂连在一起的。"

听到段国杰将军在 1944 年滇西反攻作战中，不仅胜利强渡怒江，坚守大尖山，还参加了打松山、打龙陵、打芒市日军的战斗，一直打到与盟军胜利会师。媒体朋友拉着我的手激动地说："感谢您的父亲和他的将士们为抗日战争做出了这么大的贡献！"

松山，远征军在这里吹响集结号

过了惠通桥，我们前面的目的地是松山战役遗址。松山在龙陵县内，主峰海拔 2019.8 米。它耸立于怒江西岸，像一座天然桥头堡，扼住滇缅公路咽喉，是易守难攻的战略要地，号称"东方直布罗陀"。当年日军凭借这有利地形和坚固的堡垒顽固抵抗，中国远征军鏖战数月以极大牺牲才得以攻克松山，从此松山血战闻名天下。父亲就是在 1944 年 9 月 6 日上山与日本鬼子决一死战。

汽车走过山高壁峭的怒江峡谷，驶上松山盘山公路。望着车窗外的

△松山，萦绕心头的地方

陡坡急弯和山脚下远去的怒江，我不禁感叹：当年我们的远征军将士有多难有多险啊！

中午我们到达松山战役遗址村口，再次与上海电视台的媒体朋友相遇，大家共进午餐，聊着共同感兴趣的话题，同样感慨，滇西是个有故事的地方！

饭后，我们继续向松山战役遗址开进。上山的柏油路足有 6 米宽，看得出是近年专门修建的。到了山上的村落，邓科长说这里有个“杨国刚抗日文物纪念馆”值得一看，是村民自己办的。他的话引起大家兴趣。跨进杨国刚的自家小院，这个回字形的院子宽敞整齐，内建有两层楼，上下十几间约几百平方米。一楼除卧室、厨房等生活用房外，三间用于陈列图书和展览，二楼则全部为展厅。杨国刚告诉大家，他用了十年的时间不断收集松山战役遗物，一是靠自己去找，二是向村民征集。他说在收集日军炮弹时，因为不懂军事常识，还有村民为此送了命。在付出许多代价后，此馆终于在 2011 年 6 月建成并对外开放。大家跟随他楼上楼下仔细观看，展览分为远征军、美军、日军、综合几个部分，陈列了大量的实物和照片。从炮弹、手雷、手榴弹、子弹、军刀、望远镜等武器及装备到大衣、皮鞋、纽扣、饭盒、水壶、医疗盒等生活用品。近百幅老照片重现了历史，其中有各族人民挥汗修建滇缅公路、援华抗战物资运送的场景，有松山战役日军固若金汤的堡垒和远征军的山炮阵地的对比，有远征军高级将领亲临一线指挥和英雄官兵坚守阵地的情景。其中两张远征军小兵的照片给我留下很深的印象。一张是一个13岁的贵州籍娃娃兵，穿着肥大的军装，身上背着沉甸甸的武装带和枪支。在他回眸的一瞬间，脸上绽放的笑容还透着浓浓的孩子气，一点看不到他对战争与死亡的恐惧。据说这张照片是一位美军记者拍下的。另一张则是炎炎烈日下的惠通桥头，一个十七八岁的小战士，把一只大伞绑在自己的枪上，蹲在地上站岗。这肯定是违反军纪的！但也许他太热了，也太累了！看了展览，我对杨国刚肃然起敬：这个瘦小的滇西农民，有着那么大的勇气和了不起的情怀。教授也不禁赞扬他，做了许多政府应该做的事情，把一段不可忘却的历史保存下来，不简单！

离村不远就是松山战役的遗址。非常开阔的山坡地长满树木。林荫下，三块纪念碑连成一体组成了一座纪念墙，显得庄严肃穆。密密麻麻的文字跃然碑上记录下当年那场惨烈而悲壮的血战。

离纪念碑不远处有一棵树，被水泥桩和铁丝网保护着，这是经历过松山战役炮火的一棵大树，粗大的树干只剩下半截，但残存的树干竟然长出了许多枝杈和密密的叶子，难道这是那些牺牲在松山的英烈们不朽生命的重生？

松山纪念遗址管理员向我们介绍这里正建设一个远征军雕像广场。大家跟随她来到一块绿树环绕的高地上，被眼前的情景震撼了：几百尊灰白色远征军的塑像按12个阶梯方阵整齐排列，其中有立姿、蹲姿；有持步枪、端手枪，也有手握火箭筒；有男兵、女兵、娃娃兵，也有身

△雕塑家李春华与他的雕塑群（贾代腾飞 / 摄）

着大衣的指挥员以及威武的战骑。虽然群雕还未塑头像，但已见气势。

我问：“这个雕塑家是云南人吗？”“他是广东人。”“说明他对远征军非常敬仰。”“是的！”管理员介绍这个雕塑群是广东佛山雕塑家李春华花了两年心血打造的，共有402座，按1∶1.2的真人比例，整个广场长250米，宽70米。雕像的基座设计成近一米高，这样人们需要仰视，表示对先烈景仰。我们边走边看，大家指着一组娃娃兵的雕像，这里基座就较矮，与雕像匹配。大家赞扬雕像家李春华是用心用情去创作精品。管理员说，这个娃娃兵雕像就是以那张美军记者拍的照片为原型的。我不禁上去轻轻抚摸，仿佛当年那个可爱的远征军小兵就在我面前。

在这个英雄的山上，在几百个英雄雕像前，我充满力量，拄着双拐，由女儿和管理员小妹搀扶，登上一级级台阶。雕塑群最高处是远征军指挥员和威武战骑的方阵，这里还有38尊雕像是以在世老兵为原型雕塑的。

站在最高处眺望四周备觉壮观：远处，松山连绵不断气势恢宏；近，阳光沐浴下的远征军方阵威武雄壮，他们与前方一座高高的松山山融为一体。在湛蓝的天空映衬下充满生机与活力。我突然想到一句富意的话：“松山，远征军在这里吹响集结号！”

暂别了，滇西

从松山下来，不到一小时的车程，我们又回到龙陵县城。第二天我们便要结束短暂的滇西之行。然而，第二天老天爷突然变了脸，滂沱大雨下个不停。在去机场的路上，汽车一直在雨幕中小心地跑着。突然，送行的县委宣传部朱主任喊了一声："芒市到了！"我抬头一看，这里竟然是艳阳高照。因为离登机时间还早，东道主热情地带我们去参观市容市貌。芒市，这70多年前的抗日战场，如今是和平、美丽、繁荣的边城。宽阔整洁的大街、气势不凡的市民广场、风格各异的建筑群，展示着城市的变化。挂满时装和奢侈品的橱窗、《中国好声音》的宣传画和小街里飘出的流行音乐，都让这里充满浓郁的现代时尚气息。龙陵、芒市，曾经苦难的土地、英雄的土地，如今成了幸福、安宁之地，我祝福你！

当一部父亲的征战录问世之际，我可以踏上他曾经英勇抗战的土地，这不能不是我人生中最有意义和价值的一次经历。这是一次激动人心、充满传奇的经历。我坐着轮椅，拄着双拐，不远千里而来。从落地滇西土地开始，不论是登上大尖山山巅情不自禁的泪水，还是驻足怒江江畔凝神追思，只有身临其境才能感受的特别心境。这也是一次充满温暖的经历，一群不曾谋面的滇西朋友，为我们安排了最好的食宿，派出了最得力的向导、司机和车辆，保证我们一路平安，帮助我们完成了此行的心愿。

我的第一次滇西之行终生难忘！

追寻·我的新远征

2 第二章

为了追寻父亲的远征路，2015 年 4 月至 6 月期间，我与队友们开始了重走远征路的新征途。先后在泰国、缅甸，中国的云南、贵州、重庆等地，瞻仰、参观中国远征军重大战役战场遗址、纪念碑和纪念馆。身临其境地站在历史的天空下，穿越回中国远征军英雄们浴血奋战的场景中。万里追寻的路上，是书中难觅的教育，是挑战身体意志的考验，是震撼灵魂的洗礼！

清明感动在腾冲

2015 年 4 月 2 日　云南腾冲　晴

2015 年 4 月 2 日，在“重走滇缅路”主题行走活动启动仪式之前，为了配合广州电视台大型抗战纪录片《血铸山河》摄制组到墓园拍摄，我们来到腾冲，这是第二次在清明时节来到这里。2014 年，我和姐姐来到这里是为了在国殇墓园落成不久的“中国远征军名录墙”上寻找父亲段国杰的名字，结果如愿以偿，而且还有意外惊喜，即“滇西远征军作战序列”纪念碑上父亲的名字也在其中。为此，腾冲成为牵系我们感情的地方。

清明的国殇墓园，中国远征军名录墙献花台上摆满了人们敬献的一捧捧鲜花，忠烈祠内孙中山先生的像前花团簇拥，小团坡上三千座烈士墓碑前插上了黄色菊花。这些鲜花与园中的苍松翠柏浑然一体，更增添了墓园肃穆凝重的气氛。

△中国远征军名录墙

当我们再一次站在名录墙前献花躹躬时，我泪水涌动，因为这冰冷无言的高墙仿佛传来冲锋的军号和呐喊，这密密麻麻的名字背后曾

△在中国远征军滇西作战序列墙上找到了父亲的名字

是一个个年轻鲜活的生命！能把名字刻在这象征历史丰碑的墙上是幸运的。名录上还有一些健在老兵需要找寻，给他们帮助和安慰，还有一些故去的英灵需要给他们一个安息的归宿。

今天遇见一位来自新加坡的老人，他告诉我们，他的叔叔70多年前从福建老家参加远征军去了印度,后来再无联系,因为不知道部队番号,他曾经求助过许多地方，但没有结果。他已经81岁了，希望有生之年能找到叔叔的下落，更希望把他的名字刻在名录墙上。所幸已经有热心志愿者在开始帮助老人寻找。滇西抗战纪念馆马娟副馆长说，自从名录墙建成后，不断有人来寻找自己的亲人或是要求把亲人的名字刻上去，她说，只要提供真实准确的资料，经核实后都会补充上去。名录墙将不断延伸，记录那些不应被遗忘的名字。我衷心祝福那位新加坡华侨老人能够不负苦心，完成夙愿！

4月2日来腾冲国殇墓园祭奠英灵的人群络绎不绝，浩浩荡荡，场面之壮观令人震撼！上午9点多，一些机关干部、各界人士和中学生陆续来到墓园扫墓。10点左右，一群在老师带领下由家长牵着的三四岁娃娃的祭拜队伍特别引人注目。两位男士举着一个巨大的花圈神情庄重地走在前面。我靠近细看，花圈挽带上写着：人民英雄永垂不朽！落款是：腾冲金星幼儿园。他们大约有七八十人。对于李林导演来说，这场景太感人太宝贵，她要求摄像师快步跟上这支队伍。

来到小团坡，家长们拉着孩子的小手，让他们一步一步登上通往中国远征军第二十集团军阵亡将士纪念塔的几十级高高台阶。在碑前，一位女老师带领全体家长和孩子肃立，向烈士纪念碑敬献花圈，向英烈致哀鞠躬，虽然孩子们还不懂这其中的含义，但在老师和家长示范下个个低下小脑袋。随后老师带领家长和孩子们宣誓：不忘英雄、学习英雄、热爱祖国、热爱人民！最后每位家长带着自己的孩子依次在纪念碑前献花。我想这一刻在他们幼小心灵已种下崇敬英雄的种子。我走到女老师身边，赞扬她做了一件功德无量的好事，向她表示敬意。这时我得知她是金星幼儿园园长。她告诉我：“腾冲城是70多年前用中国远征军将士们的生命换来的，我们要永远记住这些为腾冲牺牲的英雄们。我们幼儿园清明来这里扫墓已坚持了两年，很受家长欢迎，我会继续做下去。”

下午一点多钟，腾冲几所小学先后来到国殇墓园，在园外马路上抬着花圈，举着校旗，由鼓乐队开路的穿着黄、绿、蓝各种颜色校服的少先队员队伍绵延数公里，好一派宏大的场面！各个学校有序地进入园内，虽然队伍把林间小道塞得满满的，但是无人喧哗无人拥挤。他们依次在忠烈祠前面广场举行缅怀仪式。雄壮的鼓乐声、少先队代表的激情发言、嘹亮的少先队队歌和整齐的宣誓声表达着青少年不忘英雄功绩，传承英雄精神的决心，此情此景感染着在场的所有人，令人热血沸腾、感慨万千，每个人举着手机不停

△浩浩荡荡的小学生扫墓队伍

△孩子低下头默哀

地拍照。广州电视台李林导演和摄像师梁星燎激动地马不停蹄跑前跑后抓拍下许多感人的瞬间。一直陪同我们的腾冲文广局副局长王小梅，是位80后的年轻人，她告诉我，腾冲人对远征军的感情很深，20世纪90年代，她上小学那时，学校已经有这样的清明扫墓活动。每年民间这些祭拜英雄的活动都是自发的，没有硬性规定。

腾冲为挖掘颂扬远征军抗战功绩，弘扬抗战精神做出了了不起的成绩，从20世纪40年代建成的国殇墓园到2013年落成的滇西抗战纪念馆、中国远征军名录墙，为腾冲人民、为海内外人们祭奠英烈打造了神圣殿堂，从而把人心紧紧凝聚。而滇西抗战纪念馆也是腾冲的必去之处，它们共同组成了腾冲抗战历史文化的大舞台，人们在那里可以看到中国抗日战争、世界反法西斯战争英雄历史的缩影，受到任何说教都难以达到的震撼心灵的教育！

滇西抗战纪念馆建于2011年，2013年8月15日落成，面积约22亩，馆内实物87,357件，采用现代声像、灯光，其规模可称得上“高大上”。纪念馆大厅中央中国远征军、滇西民众和盟军三个代表滇西抗战力量的雕塑巍然屹立，来自民间的1000顶钢盔像满天星斗布于大厅上方，象征千千万万中国远征军将士不朽的英灵，有极强的视觉冲击力和感染力！纪念馆内用大量的照片和实物再现滇西抗战英雄历史，歌颂了中国远征军、滇西人民及盟军飞虎队做出的重大贡献和付出的巨大牺

△滇西抗战纪念馆

牲，揭露了日本侵略者对中国人民犯下的滔天罪行，这也是回击当今日本右翼势力否定历史罪恶言论的强有力铁证！

70 多年前的战争硝烟早已散去，中华民族的苦难也成为历史。纪念馆将是警示后人不忘历史、珍爱和平的最好学校。临行前，我和姐姐向滇西抗战纪念馆馆长杨素红、副馆长马娟赠送了《血胆》和《难忘的记忆》这两本书，以表达我们对腾冲打造抗战文化，宣传和弘扬中国远征军历史功绩的敬意。

天时地利人和，广州电视台《血铸山河》摄制组圆满完成在腾冲的拍摄。用导演李林的话说：“不仅完成了预定计划，还有许多意外收获。”感谢保山市政府、龙陵县委宣传部、腾冲文广局及滇西抗战纪念馆的领导精心安排和热情款待。感谢腾冲热爱民族、崇尚英雄的教育，从娃娃抓起，从青少年抓起，为全社会树立了楷模！

龙陵松山启动：天上人间共迎胜利

2015 年 4 月 5 日　云南龙陵　雨

2015 年 9 月 3 日是中国人民抗日战争暨世界反法西斯战争胜利 70 周年的重大纪念日，人们用不同的方式迎接这一日子的到来。我与来自全国不同城市的中国远征军和抗战老兵后裔，以及有着共同情怀的仁人志士组成“新远征队”参加了凯迪网络发起的“重走滇缅路”主题活动。2015 年 4 月 5 日清明节，活动的启动仪式在云南龙陵县松山的中国远征军雕塑群举行。龙陵县委宣传部董斯璇部长和杨开庆副部长给予了热情帮助。新远征队和圆梦队是由“行走者”网络互动胜出的两支团队，在这次活动中开始重走滇缅老公路，以此缅怀抗战先烈们。

我们一大早起了床，7 点半坐上大巴向松山出发，从清晨开始雨就下个不停，望着车窗外雨中的山野景物，想着“清明时节雨纷纷”这句诗真是再贴切不过。从龙陵县城到松山至少要走 50 多分钟，听说为迎接抗战 70 周年重大纪念日，龙陵正在改建通往松山的公路。施工带来大量泥土沙石，雨中的道路更加泥泞难行，汽车在高低不平的山路上起伏颠簸，但这并不影响车上人们相互交流的热情。我和来自贵州的远征军后裔覃遵龙向大家分享了父辈在中国远征军抗战中的峥嵘岁月。来自广东潮州的圆梦队也介绍了他们一家老小九口人重走滇缅路的计划。

来到松山，老天爷好像特别眷顾我们，竟然云开雾散雨停了。在会场，一辆挂着大型 LED 屏幕的卡车停在雕塑群的广场，“第二届行走者‘重走滇缅路’启动仪式”的字样显示在屏幕上。龙陵县志愿者为活动准备的几百束还带着水珠的菊花，显得格外耀眼。在仪式开始前，前来参加

△松山启动

活动的人们排好队，每人手拿黄色的菊花，神情庄重，依次走到中国远征军雕塑群纪念碑前鞠躬，献花致敬，我们新远征队队员还打开队旗，让鲜红的旗帜在这片洒满远征军将士鲜血的土地上徐徐飘扬。

上午10点，启动仪式开始，新远征队队长和圆梦队队长先后介绍了活动计划，还安排我代表广州青年商会、中山大学CEO总裁21班企业家，姐姐段立华代表段国杰将军家人向新远征队赠送支持善款，并表达希望更多人关注和参与到“关爱抗战老兵，弘扬抗战精神”活动中的愿望。

仪式上，播放了由龙陵县龙广文化传播媒体有限公司推出的抗战题材纪录片《松山密信》，该片主创人员也出席了本次仪式。据介绍《松山密信》是一部揭秘70年前滇西抗战历史的纪录片，主要讲述了2011年，龙陵县大垭口村的农民收藏家杨国刚一次偶然的机会，从808村村民杨仲彩手中得到一封抗战时期的密信。信上短短104个晦涩难懂的文字、越来越多的感叹号、神秘的署名、奇异的代码，让人不得其解。信件一公开便引起社会各界关注。为揭开这个尘封了70年的信件之谜，揭秘历史背后的故事，2013年12月，龙陵县成立了《松山密信》摄制组，历时一年多，遍访了北京、昆明、保山、腾冲、龙陵的滇西抗战史学家、抗战老兵等，对信件进行研究分析，揭秘信中玄机，最终精心制作了这部探秘松山抗战的纪录片。仪式上龙陵县代表向活动主办方单位凯迪网络赠送了《松山秘信》纪录片，该片将由凯迪网络首发。最后主办方负责人用一番富有激情的话做了总结：“让更多人能真切感受到抗日历史的波澜壮阔，带着时空交融的感觉，‘行走者’的征程也是一次重拾褪色记忆的选择，寻回只属于滇缅公路的历史印迹，完成对真实历史的一次探访，这段历史将获得更多人的关注。”

仪式结束后，我建议新远征队全体队员到中国远征军雕塑群将军群进行祭奠。这里是当年中国远征军最高首脑的群体象征：有司令长官罗卓英、卫立煌，有著名抗日将领戴安澜，还有怒江勇士的代表——我的父亲段国杰。我和姐姐及队员们在每位将军的塑像前摆上鲜花、水果，我把专程从广州带来的父亲生前喜爱的好酒分成22小杯，献给每一位将军，天上人间共同迎接这个大喜日子。这似乎感动了上苍，天空淅淅沥沥的雨滴落下来，洒在脸上，和着我的泪水。我含泪对父亲说：“爸爸，今天我和姐姐带着妈妈故乡的泥土和全家人的嘱托，又来与您团聚。您应该高兴，抗日战争胜利70周年了，现在对您中国远征军的那段历史功绩越来越多的人……”说

△松山密信

△作者和姐姐段立华在父亲塑像前悼念

到这里我哽咽着说不下去，旁边流着眼泪的姐姐段立华接着说道：“现在越来越多的人知道这段历史，越来越多的人缅怀为国家付出鲜血和生命的英雄！”我让自己镇定下来继续说道：“您为中华民族立下的功绩，已经得到认可和颂扬，您的在天之灵可以安息了！”最后我们姐妹把2014年在母亲故乡云南永仁县寻祖时，在当年父亲驻军指挥部挖的一抔土埋在父亲塑像前，希冀天堂的父母永远在一起。整个祭奠过程，广州电视台、云南电视台、中新社云南分社、保山电视台、云南春城晚报、龙陵电视台等十多家媒体记者围聚在广场不停地拍照摄像，记录下这感人的场景。中央新闻频道清明专题节目还播放了我和姐姐在父亲塑像前缅怀的镜头，让我也看到了自己哽咽难过时的真情流露。

70多年前的1942年，中国远征军10万热血青年踏上入缅作战的悲壮远征之路；今天，我们在广东雕塑家蕴含着“1942”的402尊雕塑前，迈向我们新远征的征程。

寻找独腿连长郭维烈士墓地

2015 年 4 月 5 日 云南龙陵 晴

松山的祭奠活动结束后，几家媒体要求采访我，但考虑到全队的行动，只接受了云南电视台采访。到中午时分，主办单位派的大巴车早已先下山，我们队自己租车向一个叫腊勐乡的地方出发。我们接下来的行动目标是寻找前不久发现的 71 年前在松山战役牺牲的湖南籍独腿连长郭维和上海籍排长黄维松的墓碑，前去瞻仰、献花。这是松山战场牺牲的数千名英烈中仅见的墓碑。

2014 年，昆明一个叫武思奇的志愿者发现了郭维墓碑，他请人把墓碑从井底挖出，腊勐乡政府领导听说此事，马上将墓碑收到乡政府保管。我们吃完饭后顶着烈日，步行到乡政府，想去瞻仰墓碑。然而到了那里，办公室门窗紧闭，才知正值清明假期，无人上班。虽未看到墓碑，但已从武思奇提供的资料上得知碑上写着“浩气永存　阵亡连长郭维之墓”，落款是：“第二四六团一营同人敬立，中华民国三十三年八月十日，召属湖南□□（因碑石残缺，郭连长是湖南湘乡人），八军八十二师二六四团一营七连连长。1944 年 7 月 13 日攻红木林之役时战死。”据介绍，当地 85 岁的杨立志老人曾目睹郭维

△郭维连长和黄维松排长墓前

△郭维连长墓碑

△熊在复老人正在讲述着当年发现墓地的事情

连长、黄维松排长下葬。

从腊勐乡出来，汽车行驶了一段公路在一个村口停下来。这里全是丘陵山坡，车辆无法再行进，我们只好下车徒步上坡下坡翻越了几个小山丘。路面凹凸不平，一不小心就会打滑摔跤，一路询问了几个当地人，按寻找者武思奇提供的信息，最后在一户人家的坡地下找到了郭维连长和黄维松排长的墓地。我们带来两个花圈，一个代表新远征队，另一个代表志愿者武思奇。大家把写有“抗日烈士郭维永垂不朽”的挽联粘在花圈上，并把花圈立在墓地上，但因山风太大，几次被吹倒，我们只好把花圈平放在地上，然后立于花圈前默哀鞠躬，致以缅怀之情。

湖南籍队长向大家介绍了郭维连长牺牲的过程：1944 年 7 月 13 日，郭维连长在进攻大垭口红木树甲高地阵地时，受日军交叉火力射击阵亡。当年安葬他的村民还记得，郭连长是被炸断了一条腿。队长在墓前表达了对英烈的敬仰之情，并表示要为烈士在千里之外湖南老家找到亲人，让他魂归故里。随后，我们拜访了一个叫熊在复的老人，熊老从小生活在腊勐，他亲眼见证了郭维连长墓碑被发现的过程，因为老人龙陵当地口音很重，我们难以全部听懂他说的话，但是说到中国远征军抗日的烈士，看得出他很崇敬。

龙陵城内的历史印迹

2015 年 4 月 6 日　云南龙陵　多云转雨

由于“重走滇缅路”的行程在龙陵启动，新远征队队员们都希望对这个滇西抗战重地做更多了解。我已是第三次来龙陵，可以当半个“向导”，我建议大家去看看龙陵抗战纪念广场和董家沟日军慰安所。

4 月 6 日上午，大家首先来到纪念广场。这个位于龙陵县城东建于 2004 年的纪念广场，占地面积约 7.8 亩，由中轴大道、纪念坛、出征泉、日军碉堡、大型浮雕景墙、怀思池、升旗台、长鸣钟、抗战纪念馆共同组成，几十米宽的浮雕墙浓缩了龙陵抗战的整个过程，包括了修筑滇缅公路、民工支援前线、龙陵沦陷、松山大战、龙陵战役等内容。经过十多年的风吹雨淋，墙体留下黑色水渍和苔痕，历史的记忆也深深刻印在墙上。

在广场靠近县城主干道马路的一角，一座当年日军的水泥碉堡依旧保存。通向碉堡里面的道口已用铁栅栏门封住，人们只能隔着栅栏和碉堡的射孔向里张望。碉堡内自然空空如也，早已没了疯狂侵略者的踪影，但这却是 70 多年前那场侵略战争的铁证！而另一个历史实物要算两个硕大的石碾。几个男队员一起上前试图推动它，但那家伙却

△民夫们修路的情景（资料图片）

△老人、妇女和孩子用手筑路的场景（资料图片）

纹丝不动！旁边的说明牌告诉我们这就是当年修筑滇缅公路用的压路机。曾经看过有关资料介绍，修筑滇缅公路的劳工是一支非常特殊的队伍，因为男人们大都去参军打仗了，修路大军是由女人、老人和孩子组成。由于机械设备奇缺，土石方全靠锄头开挖，铺路的石头靠手工一点点砸碎，许多孩子也参与这项辛苦的劳作，搬运石料靠肩挑背扛。据《云南路史》记载，滇缅公路共有土方19,983,960立方米，石方1,875,497立方米，这些土石全部靠民工用双肩挑走。而压路就靠这几吨重的大石碾。这种石碾多是要到较远的山里寻找石料制作，做好了全靠劳工推拉扛从丛林中历尽艰辛地弄出来。使用起来更是危险，下坡时由于产生巨大惯性，一些躲避不及的劳工包括孩子惨死碾下的悲剧并不罕见，如果说滇缅公路是用中华儿女的血肉之躯筑就确实一点也不夸张。我们伟大的人民就这样承受了极大的艰险和牺牲，用了8个多月时间，修出了西方路桥专家认为6年才能完成的一条抗战生命通道！

广场一侧一座二层楼高的建筑是龙陵纪念馆，展览的规模虽然不大，但珍贵的照片和实物与浮雕墙相呼应，更完整、更生动地记录了龙陵抗战的历史及日本侵略者的罪行。队员们认真地观看着每一张照片、实物和文字说明。这里无疑是现今人们的历史教育学堂。我们的队友、贵州画家杜宁老师看过展览后，不禁挥毫写下：“龙陵气场盈，启动远征行。慷慨悲歌起，声声唱老兵！”作为远征军后裔，这些年他与贵州志愿者团队寻访抗战老兵，为他们画像已超过200人。在我们的行程中，他将继续为这些历史亲历者留下画像。

吃过午饭，队员们又到龙陵董家沟日军慰安所参观。据了解，这是中国唯一一所记录二战时期日军慰安妇制度罪恶铁证的遗址。穿过龙陵县政府大院前的街道，转过一条僻静的巷子，遗址就隐藏在巷里的民宅中。遗址门口一面白色墙上刻着“松山战役旧址之董家沟日军慰安所旧址”，往里走过一段幽静的小道，一座土木结构两层楼的四合院就在眼前。跨过院里的门槛，门口摆着一张陈旧的木桌和一把木椅，背后的墙上还挂着一些刻有日本女人名字的小木牌。这里的管理员介绍道，这些都是复原当年慰安所的陈设，小木牌是慰安妇的名字牌。我是第二次踏进这个充满罪恶的院子，每一次看到这些名字牌，好像被笼罩在污浊的阴霾下，感觉窒息。再往里的一楼十多个房间也是按原样布局，房内陈设简陋，光线昏暗，加上黑漆门窗更显阴森。沿着狭窄的楼梯上到二楼，这里陈列着“日军慰安妇制度罪行展览”，几百幅历史老照片和根据龙陵慰安妇李莲春的悲惨遭遇绘制的连环画深刻揭露了日军慰安妇制度的罪恶。我们几个队员正在一间展室观看，突然灯灭了，屋里一片昏暗，令人惊乍，我们赶紧跑到外面走廊上，过了不久，灯又亮起来。听管理员说因线路问题，时有短路跳闸现象。这本是平常事，不值得大惊小怪，但联想到这曾是地狱般的魔窟，自然让人感到惊悚，像闹鬼似的。

△“日军慰安妇制度罪行展览”

2013 年 5 月，我第一次来这里，

△雨中的历史耻辱柱

因脚骨折无法拄拐杖上楼，因此也未看到这个展览。这次看了展览，作为女性，我为日本军国主义对妇女、对人类犯下的滔天罪行感到万分痛恨，日本政府至今仍然不对此做任何谢罪和赔偿，甚至日本右翼分子还在不断侵害在世慰安妇的名声，我对此感到极大愤怒！

看完展览从楼上下来，我站在院子的天井边，仰头向着天空深深吐了一口气，仿佛要把积在五脏六腑的浊气一吐为净。天上飘起了蒙蒙细雨，洒在脸上，我突然想起第一次来也是下雨而且下得很大，难道是那些饱受摧残的慰安妇的眼泪？院子天井一角立着一根被铁丝捆绑的高大树干，上面写着：“历史的耻辱柱”。我想，不论现今日本政府是否谢罪和赔偿，日本军国主义分子将永远被钉在历史的耻辱柱上受到世人的声讨，它也警示中华民族的后代要牢记曾经遭受的苦难与耻辱，珍惜今天的和平与幸福！

离开这里之前，杜宁老师拿出笔墨展开画板，神情凝重，快速地素描，把雨中的日军慰安所定格在历史的耻辱柱前。

雷崖让山的抗战纪念碑

2015 年 4 月 7 日 云南芒市 晴

早上，我随新远征队坐车前往芒市，在那里乘飞机前往昆明，再到泰国曼谷，正式开始我们的泰缅行程。

从龙陵到芒市是耗时 50 多分钟的盘山路，弯道多直路少。一路上大家很兴奋，回顾着这两天龙陵启动以来的所见所闻，不知不觉就到了。前往昆明的班机是下午 5 点多钟，安顿好行李我们马上去瞻仰滇西抗战纪念碑，它位于佛教旅游胜地——著名的勐焕大金塔附近。

经当地人指引，我们坐上出租车 10 多分钟就到了大金塔所在的雷崖让山。还有充裕的时间，我们先游览这座当今中国南传上座部佛教第一塔。雷崖让山因大金塔而被人们视为风水宝地，就在这块风水宝地上，芒市人树起了值得人们永远敬仰的丰碑——滇西抗战纪念碑。如果说雷崖让山的佛教故事只是一个美丽的传说，滇西抗战却是真真实实刻在碑上的永恒记忆！

芒市，这个多民族、和谐、安康、美丽的边陲城市，70 多年前却是日本侵略者的军事指挥重地。1944 年 5 月滇西反攻战开始，父亲段国杰奉命率加强团冒死强渡怒江，后来日军进行疯狂反扑，就是从芒市调集重兵的。芒市的山林田野至今留着那段历史的印记。我们新远征队在树林间的一块开阔地上看到了滇西抗战纪念碑。碑上的大字是原中国远征军第十一集团军司令，后为全国政协文史专员、全国政协委员宋希濂手书。碑上刻有中国共产党领袖毛泽东为戴安澜将军题赠的挽词：“外侮需人御，将军赋采薇。师称机械化，勇夺虎罴威。浴血东瓜守，驱倭

△芒市滇西抗战纪念碑

棠吉归。沙场竟殒命，壮志也无违。”还有周恩来题写的挽词：“黄埔之英，民族之雄。”清明时节陆续有人前来瞻仰，纪念碑四周摆满一层层花圈，显得肃穆凝重。

在不远处的小林中，还有中国远征军九十七团阵亡将士纪念碑。大家聚在碑前细读，那碑上记录着 1944 年秋天滇西反攻战中的一场激战。那时，我父亲所在的第十一集团军二军所部新编三十三师九十七团奉命主攻位于芒市北部的红崖山，因滇缅公路蜿蜒于山下，战略地位十分重要，日军据岩筑堡妄图死守，远征军在盟军飞机掩护下发起冲锋，第一天伤亡 270 多人，次日继续进攻，四批突击队员全部伤亡，后经增援全歼残敌。战后，立碑于高山之巅纪念阵亡将士。又几经风雨，特别是“文革”期间，碑弃于荒山草丛之中，直到 1990 年移至现今之地，重新修复供后人瞻仰。

在这片寂静的山林中，在承载着无数英灵的纪念碑前，我和新远征队员们一起深深鞠躬，向那段遥远历史中的英烈致敬！

会晤缅甸总领事

2015 年 4 月 7 日　云南芒市　晴

△与缅甸总领事昂觉悟先生合影

缅甸驻昆明总领事馆昂觉悟先生从朋友那儿听说了我们新远征队的行程，不仅在朋友圈里转发了我队的活动宣传方案，而且热情约见。从芒市到昆明，飞机抵达时已是 6 点多，一路拥堵终于在 7 点半到了领事馆，昂觉悟先生和他的助手在门口迎接我们，这个皮肤黝黑、大眼厚唇、身材墩实的缅甸官员以他亲和的笑容让我们忘记了一路的劳顿。只是我们牛仔裤休闲装与领事先生的西装革履相比颇有失外交礼仪的尴尬。昂觉悟先生只会几句简单的中文，我们与他的交流全靠 90 后的队友、浙江理工大学大二学生周上丁翻译。我们主要围绕在缅甸同古捐建抗战纪念雕塑的手续及在缅甸寻访路线的安全等问题进行请教。昂觉悟先生耐心地听取询问并一一作答，还提出了他的建议。充满热情的友好会见持续了 40 多分钟，最后我队队长向总领事先生赠送了新远征队队旗及队服并合影留念。走出领事馆，昆明的大街上已是灯火通明……

曼谷“春运”的滋味

2015 年 4 月 11 日　泰国曼谷　晴

2015 年 4 月 8 日，我们到达曼谷，打算以此取道去泰国北部的清迈省，与那里的远征军后裔做一次千里跋涉的相会。

4 月 12 日是泰历新年，加上泼水节有十多天假期，正是泰缅的旅游旺季。我们这个时候从曼谷中转去清迈，机票昂贵，火车票也被抢购一空，我们只好乘坐长途大巴前往。

大巴的发车时间是 11 日晚上 8 点半，下午 5 点多钟时我们就被送到曼谷火车站等候。火车站的陈旧、拥挤、脏乱既让人意外又好像在预料之中。候车大厅内早已坐满了人，还有很多人坐在地上，甚至躺在地上。许多一家子人坐成一堆吃着东西聊着天。这个情景与广州春运期间火车站广场的情景很相似，但不同的是没那么多高声喧哗，也没那么多随意丢弃的垃圾。候车大厅一侧是吃饭的餐厅，一侧是售卖冷饮、食品、小吃的个体商贩。在这人流穿梭不息的空间，所有的东西都像“皇帝女儿不愁嫁”。

大约晚上 6 点钟（当地时间），候车大厅响起音乐声，人们不论坐着的、躺着的，都迅速站起来。原来，播放的是泰国国歌。在车站大厅前面的墙上高悬着泰国国王普密蓬·阿杜德和王后诗丽吉的巨幅画像。人们自觉面向前方，双手下垂，安静地站立，直至音乐结束才坐回原处。据说，这是泰国人的习俗，每天早上 8 点、下午 6 点当国歌响起时要站立，对王室表示敬意。这短短的几分钟，展示的是一种信仰的力量。

队友关小维感叹：“如果不是参加新远征行程，我们不可能来到这里，看到这样的场景。”小维是我40多年的战友，1979年我们参加对越自卫反击战，一起经受了生与死的考验。她的外公关世雄是黄埔军校第一期毕业生，曾在中国远征军司令部任少将高参。一同作为远征军后裔，我们现在又一起重走滇缅路。如同军旅生活一般将同甘共苦，认识接受又一次难得的学习和考验。

在这闷热、嘈杂的候车大厅等候了一个多小时，终于有车送我们去大巴乘车点。我们以为很快可以出发了，但接下来却在一个更加拥挤的空间进行了更加漫长的等待。这是一个不足50平方米的候车室，办公、候车、行李存放全在这里，几十个乘客一个挨一个挤在一起，只有少量座位，有人站着，有人坐在行李上。还不断有乘客进来办手续。晚间的气温居高不下，仍然是30多摄氏度，但人们倒是平静与耐心。除了我们几人，其余的大部分是欧美的青年背包客。看着眼前一个个安安静静捧书阅读、耐心等待的金发碧眼青年，着实见识了“背包客集中营”的文明！

由曼谷开往清迈的车延迟至晚上10点多，原以为是卧铺大巴，琢磨着上了车马上可以把蜷曲了几个小时的身子舒展开来，睡上一觉，第二天就到清迈。结果上了车才知道是座位车，比起国内空调大巴拥挤很多，空间狭窄得腿部难以伸展，椅背不能后倾，只能直直坐着。我和小维坐在面向车尾的最后一排，为了让腿部能舒展一些，我俩用衣服包裹双脚，把腿高高抬起，蹬在车尾壁上。大家都有吃苦的准备，趴着坐着将就而睡。泰国的公路平坦笔直，大巴像轻轻晃动的摇篮把早已疲倦的我们送入梦乡。4月12日，泰国时间凌晨2点，大巴在服务区休息，满载旅客的十余辆大巴整齐停靠。我们被叫醒，个个揉着惺忪的眼睛，迷迷糊糊下车“放风”。服务区里小吃店飘出的泰国美食的香味，吊起了人们的胃口，每个档口挤满了饥不择食的吃客。服务区门前的空地上许多人弯腰扭臀挥舞胳膊舒展身体。在这个远离城市的地方，通明的灯火，熙攘的人群，公路上飞驰而过的车辆，让人忘记已是凌晨时分。

12 个小时后终于安全到达泰国北部城市清迈。清迈这个名字是因为当年邓丽君在这里香消玉殒而记住了它。此时，耳边仿佛响起那首熟悉的歌：小城故事多，充满喜和乐，若是你到小城来，收获特别多……那穿越时空、穿透心扉的歌，让我把旅途的劳顿丢到清迈的山里。

大谷地的华人

2015 年 4 月 13 日 泰国曼谷 晴

2015 年 4 月 12 日下午，我们离开清迈又驱车 3 个多小时，到达清迈省的一个有三千多华人居住的村庄，当地人称为大谷地。这里除少数中国远征军抗战老兵后裔，大部分是当年国民党溃退到缅甸留下的“孤军”后代。

我们这次来大谷地，也可以说是不远千里为了一场缘分而来。2014 年 11 月下旬，新远征队“铁血丹心滇缅路，追寻中国远征军”活动方案在网上公布后，队长接到来自泰国大谷地华人教师黄秀英的求助邮件，希望能帮助一个名叫李春鲜的中国远征军老兵后人寻找在国内的亲人。通过网络广泛联系，没想到 5 天后就有了消息，经核实在广西上林县为他们找到失散了 77 年的亲人。

我们在接近傍晚时分到达大谷地，与繁华热闹的曼谷、清迈相比，大谷地萧条冷清了许多。一条公路从村中穿过，路两旁稀疏的店铺看不到顾客。我们入住的友联旅社从高悬在门前的塑胶牌子到屋内简陋的陈设，都给人一种久违了的感觉。但是我们一到达，就被远征军老兵李春鲜的女儿李宏瑛等一行人的热情友好所包围，仿佛是一场亲人故友的久别重逢。我们放下行李，顾不上一路奔波劳累，马上与几位迫不及待前来的远征军老兵和九十七师老兵的后人攀谈起来。谈话中了解到，他们的父辈是广西、贵州和四川籍人，老人们都已故去，生前曾经渴望能与家乡亲人联系，但都未能如愿以偿。作为后人希望寻根认祖，替父辈了却心愿，只是目前寻亲暂无音讯。看到李宏瑛兄妹已与广西老家的亲人取得联系感到非常欣慰，所以对来自祖国的同胞觉得亲切也寄予厚望。贵州来的队友杜宁、覃遵龙表示会尽最大努力帮助两位贵州籍老兵后人寻找亲人。

△与热情的大谷地华人合影

傍晚，我们被邀请到李宏瑛家与她的家人和朋友共享烧烤晚宴。她的家在我们住的旅社背后。穿过几排房子，眼前的景色竟是柳暗花明又一村！这里有一大片湖，湖面上倒映着天空中金色的余晖，像一幅美丽的水彩画，湖的周围民宅屋宇星罗棋布，湖的那头远山绵延，湖光山色交相辉映。

李宏瑛家已聚集了20多位亲朋好友，架起的烤炉上，虾、鱿鱼、牛肉被烤得吱吱作响，冒着烟，香味飘散在空中。晚宴开始，主人少不了一番热情的欢迎和赞扬，相互一阵寒暄后，大家品尝着美味烧烤和特色小吃，推杯送盏，开怀畅饮，把晚宴推向高潮。

一位从台湾来这里支教的女老师告诉我们，她今年30岁，过去在家生活安逸、平淡，她希望给自己一个不同的人生，所以来到大谷地。这里教育不发达，缺乏师资，她觉得有了用武之地，有一种成就感。特别是看到她的学生有长进很快乐。我问她：去过大陆吗？她说这是她的旅游计划。我告诉她大陆有许多名山大川会让她流连忘返，大陆有许多渴望受教育的孩子会让她的人生变得更精彩。

这一晚，在远离祖国的地方，一群素昧相识的炎黄子孙互相倾诉，敞怀欢笑，让人不约而同唱起那首歌：古老的东方有一条龙，它的名字叫中国，古老的东方有一群人，它的名字叫龙的传人……歌声在夜空中飘荡，也在人们的心底流淌。

第二天，李宏瑛邀请了更多的乡邻为我们接风，有当地青年社社长，有远征军抗战老兵，还有从外面忙生意赶回的亲朋好友。几张大圆桌上摆满了丰盛的菜肴、美酒、花生、糖果，那喜气劲儿就像过节似的。我们这些来自远方祖国的客人，牵动了许多人的思乡之情。席间，他们与我们谈得最多的是不忘自己是中国人，非常希望能回国看看或与亲人团聚。李宏瑛专门邀请来一位远征军抗战老兵罗光美老人，他是我们启程以来见到的第一位老兵，所以大家备觉亲切，拉着罗老的手久久不放，这令老人也十分激动，布满皱纹的脸上流露着亦喜亦悲的神情。青年社的韩社长是福建人，老家已没什么亲人，他虽然没有回过祖籍，但是他出差去过上海等地，还结交了一些朋友。他很喜欢上海这个大气、时尚的国际化城市，看到国内的变化他觉得高兴和自豪。天下华人一家亲，我们的欢聚仿佛一场久别的重逢，亲切而令人回味。

饭后，李宏瑛又带我们去瞻仰这里的华人忠烈祠。她介绍，他们这些流落在异国他乡的中国人，为了不忘自己的祖先，专门建了忠烈祠，传承中国人的习俗。忠烈祠建在大谷地附近的一座山丘上，我们爬上山坡，登上高高的台阶，走进祠内，这里有李宏瑛父亲和其他远征军官兵的灵牌，我们点香、鞠躬。虔诚送上来自祖国晚辈的祭奠。

△与热情的大谷地华人在忠烈祠前合影

在返回大谷

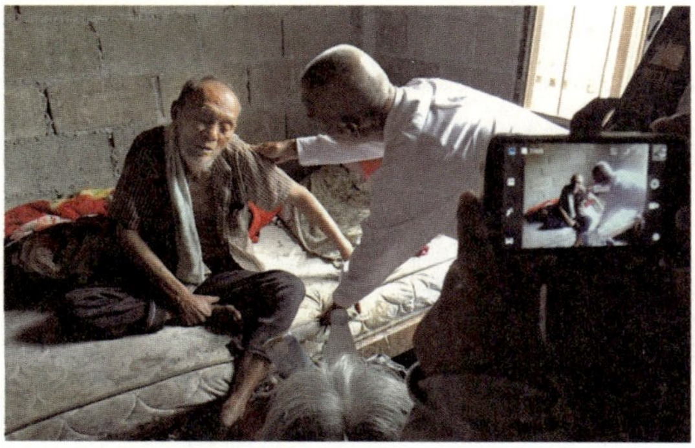

△ 94 岁的西藏籍老兵冯华启

地的路上，有人告诉我们，附近村里有一位远征军老兵因年迈卧床不起，我们马上赶去看望。路上李宏瑛介绍，这位老人叫冯华启，今年 94 岁。我们走进老人的房间，他听说我们是从中国来的客人，挣扎着坐起来。他无法与人交流谈话，许多往事已经想不起，但他记得自己的故乡是西藏，也许在他心里还留着故乡的回忆，只是表达不出了。我们试图告诉他，西藏变化很大，现在是很美丽的地方。看他木讷、呆滞的眼神，也许他已经没法理解这一切了。

在离开大谷地的头天晚上，李宏瑛盛情邀请我们去她新落成的别墅做客。这是大谷地华人的一个别墅群，有一百多栋各式洋楼。李宏瑛家的院子足有两个篮球场那么大，别墅由两栋楼组成，她和弟弟两家人十几口全住在这里。她的女儿为我们端上冰镇西瓜和冷饮，她礼貌的举止、可爱的笑颜，讨人喜欢，特别是流利的普通话让我有些吃惊。她告诉我，她是旅游学校毕业的，现在主要接待来自中国的游客。她说，从小外公和妈妈一定要求她说中国话、学中文，说不能忘记自己是中国人。后来妈妈鼓励她学旅游专业，说当导游有机会去中国。她说，虽然现在还没有去过中国，但总有一天会去的。这是一代代海外华人对自己祖先依恋之情的传承，这种传承让中华民族源远流长，万古不息！

有惊无险的缅东大穿越

2015 年 4 月 17 日　缅甸东枝　晴

2015 年 4 月 17 日下午 3 点半（当地时间），我们终于平安到达缅甸六大帮之一的“掸帮”首府——东枝。距离出发地景栋约 500 公里，我们几乎穿越了缅甸东部，花了 19 个小时才来到这里。这次漫长的旅程，不仅见识了缅甸东部山区的原生态和贫穷落后，也体验了夜闯帮珠山令人心惊后怕的滋味。

4 月 15 日，我们从缅甸大其力口岸入境，途经景栋县被“扣”，后来才得知是因为景栋到我们的目的地东枝有一片山区，两年前还在打仗，至今未对外国人开放。虽然我们已获得联邦政府准许文件，但旅游部门以保证安全为由，强行派出指定的当地导游跟队三天，我们只能在此等候。16 日接近中午，从大其力派来的专业导游维多利亚女士到达，我们简单吃了点华人小吃店的米粉就匆匆上路了。

大家盼望着快点离开，但景栋就像施魔法一般缠着我们难以脱身。汽车开出没多远，缅方华人队友罗国振停车告诉我们他和维多利亚要去几个部门办理离城手续，而待他们办完公务回来，汽车却怎么也发动不起来，这是因为中午室外气温高达 45 摄氏度，水箱过热，发动机“罢工”了。小罗找附近的华人帮忙，给汽车“解暑”，半个小时后汽车终于恢复了“元气”。

离开景栋城，并非顺畅。路过一些村庄，隔不多远就有一个路卡，一群“游击队”、一根木桩就能把所有车拦下来。小罗说这是缅甸的收费站，但是我们只见收钱却没有任何票据，真是一道风景！

△“罢工”的车

我们的车把村庄抛在后面，慢慢地爬上一座海拔 1500 多米的帮珠山（音），当顶的骄阳像火球一样追着我们，发动机的水箱又开锅了，小罗只得停车散热，找来路边小河沟的水降温。汽车走走停停，吃力地盘旋在山路上。这里许多路段不到 20 米就一个转弯，坡陡弯急，摇晃得大家东歪西倒。但是车越往上走，山上的景致倒让人兴奋，山峰之间茫茫的云海，被渐渐西沉的太阳洒上一层金灿灿的余晖，交融成美的画面，大家不顾颠簸，纷纷抢拍这缅甸山区美景。

天色渐渐暗下来，汽车还在帮珠山上跑着，似乎见不到尽头，也见不到来往的车辆，当夜幕完全笼罩了大山，我们的汽车好像一匹形单影只的铁骑突然变得很渺小。小罗和维多利亚用缅语不停地说话，也不知是聊天还是给自己壮胆。我们六位队友坐在后面，一言不发，个个瞪大眼睛绷紧神经，观察着动静。望望窗外，只有我们的车灯照亮前方的道路，四周一片漆黑，除了汽车轮胎与沙石路摩擦出的声音，大山万籁俱寂。我看了看我的手机，中国移动全球通完全失灵，处于无信息无服务状态，想到这条道路，两年前还在打仗，至今未对外国人开放的情形，一种茫茫大海中一叶小舟随时倾覆而孤立无援的恐惧感油然而生。

在这前不着村、后不着店的大山深处，汽车跑了两个多小时，终于找到一个小村子，紧张的心情放松了许多，凑合吃了一些东西，继续赶路。

晚上10点多钟，到达勐冰山村客栈，悬着的心终于放下了。客栈简陋、邋遢，有的房间是大通铺，睡二十几号人，小罗为我们安排了双人房，其实与通铺不同的就是房间用木板隔开，木板上有窟窿和缝隙，不隔音也不挡光，两床之间只有站立一人的空间，床尾紧挨门边，大件行李只能放在门外走廊上，床上的毛毯、枕头、床单看得出反复使用过，散发着怪味。客栈院子里，有一个水泥蓄水池，积满了山泉水，供住客洗漱用，紧张疲惫了一天的我们，清洗扫除了一路的汗水和尘土，和衣而睡。我倒头睡到天亮，但小维和婉楠却整整一夜无法入睡。

清晨，一觉醒来，我赶紧到屋外呼吸新鲜空气，站在客栈大门口，只见一条沙石公路伸向山间，这是勐冰寨子通向外面唯一的路。晨曦中的帮珠山，还飘着薄薄的雾，空气中散发着山林植物和泥土的自然气息。

客栈的女主人，给我们煮了一锅面条样的早餐，我足足吃掉一大碗，填饱肚子，准备下一个长途跋涉！从勐冰客栈出发，在帮珠山盘旋了几个小时，终于下山了。这一路，几乎没有令人赏心悦目的景观，土地贫瘠荒芜，见不到什么庄稼，路边的房屋都是用茅草、树皮、竹篾加泥土建造的。车行驶到一个村子，路边聚满了穿着民族服装的人群，大多是妇女。队友们很好奇，要求停车拍照。他们身穿蓝布衫，领边、袖边和腰带都绣着红、绿、黄颜色的花朵图案。最引人注目的是双耳吊着大大的耳环，手腕上、

△荒凉的一路

脖子上带着手镯和脖圈，仔细看是银制的，上面的刻花很精美讲究。他们显得很朴实，对我们这些路过的陌生人很友好，个个笑容友善，很乐意跟我们拍照。维多利亚介绍说，他们是缅甸的布朗族，据说政府对她们没有任何的扶持，仅靠农耕自给自足。

汽车行驶到一座大桥上，这是在缅甸见到的第一座大桥，约数百米长，下面滔滔江水穿流而过。小罗说，这是来自中国云南的澜沧江的支流。听说来自祖国，心里顿感亲切。桥上不断有满载货物的军绿色卡车通过，看标识是缅甸军车。过了大桥不远又一处哨卡要求停车检查，这是见到过的最正规的哨卡。小罗介绍这是边防检查站，导游维多利亚拿出批文资料一脸微笑很客气地递给检查站官员。我们估计一时半会儿走不了，都下车活动身体。检查站有一只黑毛小狗，露出温和的眼神在我们面前晃来晃去，毫无任何敌意，没几分钟便与我们90后的队友周上丁成了好朋友，与他一起照了几张“友谊照”，小黑狗的乖顺可爱，引来了队友们纷纷“合影留念”。这轻松愉快的时刻，让我们忘却了一路奔波辛劳。经过半个多小时的检查，我们被放行了，听小罗说，这是最后一个关卡，东枝就在前方了。

仰光，壮观的英军墓地

2015 年 4 月 18 日　缅甸仰光　晴

2015 年 4 月 18 日上午，我们离开东枝，经过 9 个小时车程于傍晚时分到达缅甸南部大城市仰光。这个曾经的首都，自 2004 年迁都内比都以后，虽然旧都帝国风光不再，但著称于世的大金塔、苏里塔仍保留着昔日辉煌，吸引着世界各地的朝圣者及观光客的到来。而大门紧闭、空寂神秘的昂山素季旧居也仍然是缅甸一段里程碑的历史标志。

第二次世界大战带给这个城市的痛苦记忆至今还深深留在仰光港锈迹斑斑的甲板里。1942 年初，日本侵占马来西亚后，开始入侵缅甸。1 月 30 日，日军攻克缅甸东部重镇，随后分两路继续前进。3 月 8 日，日军占领缅甸首都仰光，然后一路北进剑指中国的大西南。

△十字架纪念碑伫立在英军墓地的中央

△整齐的墓碑排列

2015 年 4 月 20 日上午，我们离开仰光时，小罗建议我们去看看仰光英军墓地，他说这是全缅甸最大的英军墓地。

汽车行进在仰光北部郊区，两边没有高楼大厦，只有低矮陈旧的商铺、民宅挤在路边。渐渐前方出现一片截然不同的建筑，小罗指着说：“那就是了！”车停在路边，我们被眼前的景象所震惊！墓地的规模、建造的风格和良好的管理状况令人惊讶。

一眼望去，墓地像两个巨大的长方形的花园庭院，四周有小路。湛蓝湛蓝的天空下，一个十字架造型的纪念碑高耸在墓地中央。在它背后几十根高大石柱组成一条长廊，上面托着一个圆顶，好似一群壮士屹立，仿佛蕴含国家栋梁之意。横卧在地面上的几千个大理石墓碑在阳光下熠熠生辉，碑的四周青草茵茵，各色小花鲜艳灿烂，似长眠地下的亡灵生命轮回再次绽放，整个墓园凝重而肃穆。

这个墓地是 1945 年 5 月收复仰光后最先修建的墓地，它被英国人称为“仰光战争墓地”，被当地华侨称为“涛建墓地”。它由英国一家墓地基金组织捐建，为二战期间阵亡的大英帝国联邦士兵建造，共有 6374 个墓碑，其中有 867 个无名战士墓。在一座圆形建筑上密密麻麻刻满了字的是无墓碑的阵亡者姓名和资料，而地面上整齐排列的墓碑上则分别刻着每一位阵亡者的姓名、部队、职务和阵亡时间，有的还有一句祝福的文字，如：“你永远活在我们心中！”小罗有些沮丧地说：“和他们相比，我们中国军人很惨，原来的墓地在 20 世纪 60 年代都被铲平了，只有我们今天要去的东吁还有唯一的纪念碑。”

一群欧美游客也来到这里，在墓碑前伫立凝望，也许这里有他们的亲人，也许也是来重温那段历史。我们的队员四处寻找中国远征军官兵墓碑，但未能如愿。想着我们以重走滇缅路的方式缅怀英灵，内心多少得到安慰。

同古的悲壮与悲哀

2015 年 4 月 20 日　缅甸东吁　晴

2015 年 4 月 20 日上午，我们从仰光出发，目的地是相距 250 多公里的缅甸南部小城东吁。这是“新远征”启程以来我最期待的地方。因为 70 多年前一场英勇壮烈的同古战役发生在那里，70 多年后，一群崇敬那段历史的人想为那里捐建一座纪念雕塑以慰英灵。几天前，东枝的百岁抗战老人邹如松还为我们回顾了那场战役，所以此行内心一直充满着与历史近距离接触的景仰和激动。

二战时期，那场中国军人跨出国门抗日的远征，以它精忠报国浴血异域的英勇和壮志未酬忠骨埋他乡的悲壮载入史册。戴安澜，就是其中一个名垂青史的名字。1942 年 1 月，日军进攻缅甸，直接威胁中国西南大后方。同年 3 月 8 日，中国远征军五军戴安澜所部二〇〇师奉命作为先头部队进驻缅甸同古进行阻击，阻挡日军北上进攻的步伐。同古是南缅平原上的一座古城，南距仰光 250 公里，北距曼德勒 320 公里，是公路、水路要冲，城北还有一座军事机场，战略地位十分重要，是日军必须迅速占领之地。当时同古城除城墙和墙外的一条皮尤河（音译）之外，无更多天险可守，也缺乏防御工事。强敌当前，戴师长带领官兵日夜抢修工事做好布防。3 月 19 日，二〇〇师与日军在同古城外交火，日军动用数倍于二〇〇师的兵力，对同古城展开了疯狂进攻。根据战后日本防卫厅公布的档案材料，将当时作战双方武器装备作一比较：日军调动五十五师团 20,259 人，配备重武器 150 毫米野战炮 36 门，迫击炮 200 门，坦克装甲车 40 辆，还有 3 个航空中队。相对于凶猛强悍的敌人，

△戴安澜将军（资料照片）

二〇〇师只有兵员 11,000 人，75 毫米野战炮 20 门，迫击炮 100 门，坦克 3 辆（其余留在腊戌），无空中支援。

在敌我双方力量如此悬殊的情况下，战斗从一开始就打得极为惨烈。日军每天派出百余架飞机狂轰，投燃烧弹甚至毒气弹，地面重炮持续猛击，阵地被炸成一片火海。但戴师长始终坚守在阵地上从容指挥部队，利用抢修好的坑道或掩蔽所灵活地阻击敌人，日军炮轰时钻入坑道，日军步兵进攻，便从坑道杀出，杀得敌人人仰马翻。戴师长带领他二〇〇师英勇的官兵们，给日军入缅以来最为激烈的沉重打击，敌军伤亡惨重。

日军后派出 56 师团两万多人增援，而我增援部队迟迟未到。同古战役进入危机关头。戴师长在接到上方继续守城的命令后做了最坏的打算，下定死守孤城的决心，提笔给妻子写下一封义无反顾又儿女情长的绝笔家书："亲爱的荷馨，余此次奉命固守冬瓜（同古）……现孤军奋斗，决以全部牺牲，以报国家养育，为国战死，事极光荣……"他带头立下遗嘱："只要还有一兵一卒，亦需坚守到底。本师长战死以副师长代之，副师长战死以参谋长代之，参谋长战死以某某团长代之。"全师各级指挥官纷纷效仿，誓与同古共存亡。敌军的猛烈进攻，造成伤亡猛增，工事被毁。戴师长指挥将士利用残垣断壁、炸弹坑继续顽强抵抗。他还采取百米决斗术，等攻击的敌人到达 50 米处时，才从战壕里一跃而出，用手榴弹集中投掷或用刺刀进行肉搏。在内缺弹粮，外无援兵，面对增援后 4 倍于己的敌人，二〇〇师苦战了 12 天，伤亡 2000 余人，歼敌5000多人，最后接军部撤退命令，于3月29日晚成功突围，在戴师长的指挥下，连一个伤员也未丢下。

同古战役是缅甸防御战期间规模最大、坚守时间最长、歼灭敌人最多的一次战斗。大战犯东条英机在日本会议上承认“同古之役为旅顺攻城以来从未有过之苦役”。同古战役扬我军威，时任中缅印战区参谋长史迪威大赞：“近代立功异域，扬大汉之声威者，殆以戴安澜将军为第一人。”

经过5个多小时，我们于缅甸时间下午2点多钟到达东吁。大家都兴奋地望着车窗外，这个当年硝烟弥漫的战场，如今已是一片太平兴旺的景象。尽管与现代城市相去甚远，但也有自己习以为常的自在。这里和我们见过的许多小城镇一样，拥挤的街道两旁五花八门招牌的店铺一个挨一个，各色各类的货品从店里一直堆到店门口，酷暑高温下，五颜六色的冷饮和冰镇瓜果让人看一眼都会觉得凉爽到心里。店家的表情大多一致，黝黑的脸露出白牙齿，微笑着迎接客人。摩托车、电单车满街跑着，飞来窜去，既嘈杂又显示着小城的交通活力。

△铁架上的弹孔

在这里，我们受到当地第三代华人、80后小杨的热情款待。他在自家餐馆准备了一桌中缅风味的菜肴，对于早已饥肠辘辘的我们不仅解馋而且有些奢侈。饭后，小杨当向导带路去看望东吁唯一在世的远征军老兵翁裕邦老人。之后，我们又赶往东吁火车站，小杨说那里还保留着当年同古战役留下的弹孔。

△宛若耳朵的弹孔，让人听到历史的回响

我们的车穿过热闹的街道和居民区，渐渐地，眼前的景色越来越荒凉。一大片空旷地，在烈日下泛起白光，附近干涸的河床上一座石桥显得孤零零的。小杨告诉我们，听老人们说，过去这一带都是打仗的地方，火车站就在前面。

火车站是一栋两层楼高的建筑，米黄色的外墙被风雨喷上许多污渍，大片发了霉的墙体，告诉人们它已年深日久。我们走进车站大厅，这里不算太大，挤满了乘客，热烘烘的空间弥漫着食品味道和汗味。

经小杨与车站联系，我们被允许进到站台。这里的站台也是候车区，十多排四人座塑料椅挤得满满的。小杨带我们穿过人群，来到站台一侧，手指着站台大棚的钢架："你们看看，这上面有很多弹孔！"大家凑上前不约而同地惊呼。十多条钢架上留着大小不一的弹孔，大的像拳头，小的像鸡蛋，更小的像花生米粒。在一条钢架上我数了数，足足有十七八个弹孔！望着这些弹孔，我浑身的热血沸腾起来，脚下的这片土地就是同古战役的战场啊！我闭上眼睛，眼前浮现戴安澜师长带领二〇〇师勇士浴血鏖战的壮景，耳畔响起穿越时空的枪炮声，还有戴师长"为国战死，事极光荣"的悲壮誓言。那一刻，它存在于我的感觉之中，它是历史的幻影与回声！令人惊讶的是有一个弹孔宛若一只耳朵，透过弹孔看到的是一群静静候车的人，有一种时光穿越的感觉。没有任何设计，却如同精心设计一般，这只化石般的耳朵，让我们听到了遥远历史的回响！

我们激动的神情和举动，吸引了站台上旅客好奇、莫名的目光。我不知道他们中间还有多少人知道 70 多年前一大批中国的官兵，与他们的国家共同抗击日本侵略者而战死疆场，把尸骨埋在异国他乡！一个漂亮的缅甸小宝贝在我面前跑来跑去，我抓拍了他可爱的瞬间。突然，一闪念引起我的忧伤：他长大了，这些弹孔还会在这里吗？还会有人给他讲弹孔的故事吗？

揣着沉甸甸的心又回到东吁城里，小杨带我们去瞻仰中国远征军纪念碑。在当地华人的活动园区，除供奉菩萨的香堂和聚会庆典的礼堂，还有一个文化宫。小杨介绍，20 世纪 50 年代初，一位叫杨伯光的爱国侨领发动华人华侨捐款建设包括纪念碑及展览厅等的华人文化宫。许多年来，它是华人缅怀先烈，凝聚中华民族子孙力量的重要基地。

△中国远征军纪念碑

文化宫的大门为一大两小的三孔拱门，门的横梁上有飞檐翘角，是典型的中国建筑风格。外墙和内壁分别为淡绿和乳白色，在晴朗的天空下显得宁静。大拱门两侧写着“千秋文明”和“万代汉风”，表达着对华夏祖先的敬仰。

走进文化宫，中国远征军纪念碑坐落在院内。白色的纪念碑犹如一把利剑指向云天，基座上刻着《中国远征军援缅史略》，4 棵高高的常青树在纪念碑四角护卫着。碑后几米处是两层楼的中国远征军纪念馆。

△失落的我们站在紧闭的纪念馆门口

清明节过去时间并不长，纪念碑周围没有在云南龙陵、腾冲、芒市看到层层叠叠的花圈簇拥着的感人场景，只有中国驻缅甸大使馆和驻曼德勒领事馆送的两个花圈，显得冷冷清清。我问小杨："清明节，你们来这里扫墓了吗？"他有些尴尬没有回答。见他脸有些红，我忙打圆场："哦，你们去拜山、拜祖宗了吧？"他点点头，我心里不由几分悲凉。纪念碑后面的纪念馆门被锁着，从窗户缝往里看，里面摆满了摩托车、电单车。在国内的时候曾听说这个传闻，眼前所见果真如此！据说是文化宫管理员陈先生的，这引起许多华人不满。

2014 年，戴安澜将军的儿子戴澄东先生来到这里，对纪念馆的建设给予关注和建议。2015 年 3 月份，我所在的广州青年商会和中山大学 CEO 总裁 21 班企业家发起"弘扬抗战精神，关爱抗战老兵"爱心捐款接力活动，筹得的善款计划拿出一部分为这里捐建一座各国共同抗战的纪念雕塑，扩大东吁中国远征军纪念馆的影响，让更多人了解和记住那段历史。这次来东吁实地察看，眼前的情景却令人失望。它与我们在仰光英军墓地看到的壮观场面落差之大，令人心痛和感伤。一个民族如果不懂得感恩和崇尚英雄，它是没有希望的！同古火车站钢架上那些弹孔的故事，如果我们华人不去传承给我们的子孙，还有谁会去传承呢？

致敬，仁安羌

2015 年 4 月 21 日　缅甸仁安羌　晴

2015 年 4 月 21 日上午，从东吁出发，前方有一个曾经在二战中震惊英国乃至西方世界的仁安羌战役所在地正深深吸引着我们。

仁安羌战役是我在学习研究中国远征军历史中最早了解的著名战役。战役中浓厚的传奇色彩和指挥官孙立人将军的大智大勇给我留下深刻的印象。

1942 年 4 月 14 日，驻守在马圭的英军第一师不战而退，向北边的仁安羌撤退。仁安羌是缅甸重要的产油区及发电基地。日军第三十三师团接到情报后乘势追击，占领仁安羌油田镇区，切断英军归路。4 月 16 日，将英军第一师 7000 多人及辎重部队包围在仁安羌北面一带地区，并飞快占据平墙河北岸渡口，阻截英军的增援。英军与日军激战两昼夜，频频突围但都未能成功。至 4 月 17 日被包围的英军已弹尽粮绝，水源也被切断，情况十分危急，频繁向中方求援。新三十八师师长孙立人奉命率部前去解救。

△孙立人将军（资料照片）

当时的形势非常艰难，他带领一一三团的 1000 多人，要解救英军 7000 多人，而日军人数则是我军的 7 倍。孙立人师长有勇有谋，避免盲目冒险进攻，在搞清敌情地形之后，于 4 月 19 日拂晓向日军发起进攻。因兵力悬殊，为了防备敌人摸清我军实力，利用种种方法虚张声势，又用小

△干涸的平墙河

部队进行扰乱突击，让敌人无从判断虚实。主攻部队利用山炮、轻重迫击炮及轻重机关枪掩护，反复肉搏冲杀，第三营营长张琦不幸中弹牺牲，战士们含着眼泪，前仆后继地拼命冲杀上去，一直冲上了油田。许多战士倒在敌人猛烈的火力前，山凹里、油田边，积起一堆堆尸丘。这一场火网夹着白刃肉搏的大战一直持续到下午 3 点，日军终于被击溃，我军于 4 月 19 日告捷。仁安羌战役重挫了日军常胜军三十三师团，助英军 7000 人胜利突围，创造了二战史上奇迹。过去英军看不起我远征军，嘲讽他们为“草鞋军队”。仁安羌战役扬我中国之军威，令英军对中国军队刮目相看。孙立人将军因此役获得了当时英国女王颁发的帝国司令勋章和美国总统罗斯福颁发的丰功勋章。

去仁安羌的路上，我们的车在高速路上行驶了一段时间后拐上丘陵地的沙石路，高高低低转来弯去。听说这一带叫马圭，居住的都是缅族。这就是当年英军第一师驻防的地方。从车窗向外望去一座座沙土山丘既无树木更无庄稼，几乎见不到绿色。路边村庄清一色用棕榈树皮和竹子搭成的棚屋，在火辣辣的太阳下显得干枯和脆弱。室外气温已在 40 摄氏度以上，汽车发动机又“发烧”了，在村边一个小店稍作休整继续赶路。

这段路走了近 3 小时，终于见到柏油路。我们一路寻找仁安羌战役遗址，据史料记载是在平墙河附近。车的前方出现了一座大桥，大家兴奋地向外张望，下面很宽的一条河已完全干涸变成一片沙洲。一眼望去，白晃晃的沙、岸边的绿树与瓦蓝的天空，好一派美景。小罗告诉大家前

△向仁安羌致敬

方就进仁安羌县城了，他不能确定这里究竟是不是平墙河，建议先拍照留念以免错过。80后队友、来自厦门的东北女孩翟婉楠张开红彤彤的队旗激动地在桥边的公路上跑起来，这是一路上最靓丽的一道风景。车继续向前，来到县城入口处，一块石牌上的缅文我们虽不懂，但猜想它一定是令人震撼的三个字——仁安羌！在县城午餐时，小罗向当地人打听得知平墙河位于县城前方，我们迫不及待驱车前往。

出了县城没多久，远远的一座桥已进入我们的视线，小罗高兴地说："这次不会错了！"到达平墙河大桥的时候，是缅甸时间下午2点多，室外气温40多摄氏度。我们一下车，马上感觉身上火辣辣的，头顶的烈日和桥面的热浪像把我们装进烤箱一般。我站在平墙河大桥上向下望去，宽宽的河面干枯得只剩下一条窄窄的水道，酷暑之下许多大人和孩子在水里嬉戏纳凉。我突然想到，70多年前，也是这个季节这个月份，也是这般烈日炎炎之下，中国远征军孙立人师长带着他的一一三团英雄官兵正在和多出自己7倍的凶残敌人进行血与火的拼杀！我曾听一位滇缅抗战专家说，当时因为连日追赶，天气高温酷暑及缺水，日军已经顶不住了，疲惫不堪无力发起大规模进攻。所以最后敌我双方拼的是什么？拼的是意志！想到这里，一个声音在我心里呼喊：英雄们啊，历史不应该忘记你们！我和队友们一起拉起了新远征队队旗，举起胜利手势，向仁安羌战役致敬！向孙立人将军和英勇的远征军官兵致敬！

曼德勒的华人情怀

2015 年 4 月 22 日 缅甸曼德勒 晴

2015 年 4 月 22 日上午，我们从蒲甘出发，前往缅甸第二大城市——“瓦城”曼德勒。70 多年前，曼德勒是缅北通往中国西南的交通要冲，具有重要的战略地位，所以当时中英双方曾在此重兵驻守。经过 6 个多小时的颠簸，我们到达曼德勒已经是下午 3 点多。匆匆吃过“午饭”，接着就去看望当地两位抗战老兵。

晚饭时分，当地的几位华人社团会长专程来酒店看望我们，并邀请我们一起品尝当地的特色小吃和冷饮。丰富的美食和凉爽可口的冷饮，亲切热情的交流，让我们忘记这是一场异国他乡的欢聚。与这一路上见到的华人一样，他们向我们谈得最多的是特别关注祖国的发展变化，祖国越强大他们的腰杆越硬！一对相貌秀美、气质优雅的孙氏姐妹告诉我，她们是远征军后裔，跟着父母在缅甸出生长大，两个姐姐在 20 世纪 60 年代初回国，因为海外华侨的身份，在“文革”中吃了不少苦头，一度

△爱国的华人们

无奈中断掉海外关系，失去与家人的联络。孙氏姐妹亲眼见证了祖国改革开放 30 多年来的巨大变化。她们说，20 世纪 80 年代初期，彩电在国内是稀有紧俏商品，她们费尽周折带给国内的姐姐们，由于很稀罕，两个姐姐和家人如获珍宝，在邻居面前也觉得脸上有光。没想到这些年中国发展得那么快，家在云南昆明和湖北的两个姐姐，现在生活都很好。搬了几次家，房子越换越好，家电也是一应俱全。外甥们有的出国留学，有的也有不错的工作，衣食无忧。她们回国探亲，姐姐们一再交代，现在什么也不缺，只要亲人团聚就是最高兴的！孙氏姐妹说，她们经常去云南瑞丽采购各种生活用品和食品、土特产。感觉到这个城市面貌日新月异，物资非常丰富。相比之下，缅甸发展太慢太落后了！说到这里，孙氏姐妹感叹地说，中国这些年发展得好是因为有优秀的领导人。她们对习近平主席、李克强总理等现任中国领导人赞不绝口，夸他们是亲民的、有智慧的有能力的好领导，她们也非常喜欢中国第一夫人彭丽媛，称赞她为天下的华人争了光！她们一边说着，一边不断竖起大拇指，脸上洋溢着崇拜和自豪的神情。听了华人姐妹的肺腑之言，我真为自己作为中华人民共和国的公民感到荣幸和骄傲！

与华人朋友的聚会结束时已经是晚上 8 点多，大家都希望马上回到酒店放倒休息，但小罗推荐去看一个远征军后裔的私人展览。我们坐车来到孟裕华先生临街的玉石商铺，这位身材敦实的中年华人带着非常热情的

△从野人山找回的远征军遗物

△孟先生介绍着他的二楼展览厅

笑容在门口迎接我们。孟先生介绍他的商铺原来有两层，现在楼上专门用于展览。我们跟随他走到里面，在靠近楼梯的一面墙的供台上竖着一块小碑，前面的香炉里插有不少燃过的香头。这是祭拜远征军的供台。当我们拖着疲惫的脚步，登上二楼展室，这里的照片和实物立刻让人提起精神。墙上钉挂着远征军的军大衣、冬装、夏装、枪支、刀具、望远镜、饭盒等各种实物，还有孙立人、戴安澜将军的老照片。孟先生告诉我们他父亲曾在远征军情报部门工作，后来到缅甸生活。他的太太是缅甸野人山一带的人。父亲生前多次提起野人山大撤退非常惨烈，许多官兵进去了没有再出来，嘱咐他一定要去野人山寻找收集远征军留下的遗物，要给这些冤魂留下纪念，说总有一天中国会有人来找的！遵照父亲的期望，他一次次跑野人山，经过多年艰辛的努力，他从野人山等地搜寻了千余件文书、照片和实物。他腾出并不宽敞的玉石商铺，在楼上设立了展示区，邀请当地华人和国内同胞及缅甸人来此参观，让人们了解中国远征军对缅甸做出的历史功绩和日本侵略者对亚洲人民犯下的深重罪行。看着一件件凝聚了孟先生心血的展品，我不知他曾经冒了多大的风险，经历了多少困难，我对这个普通的缅甸华人肃然起敬！他只是个普通人，但他尽一己之力，却做了非常不普通、非常了不起的事情！向你致敬，孟裕华先生！

腊戌，爸爸我来了

2015 年 4 月 23 日 缅甸腊戌 晴

2015 年 4 月 23 日上午，我们从曼德勒向北，向缅中边境的腊戌出发，那里是滇缅公路的终点，也是我们缅甸行程的最后一站。而对于我来说，腊戌是父亲当年入缅作战的战场，这里留下了他战斗的足迹，留下了中国远征军战士的鲜血和生命，我要去寻找缅怀！

在曼德勒的北部，汽车爬上海拔 236 米的曼德勒山（过去称为“罗刹女山”），曼德勒城就是因它而得名。这是一座佛教名山，据说山上有 230 多座大佛塔和大寺院以及众多小寺院。高处设有一个观景台，供游人观赏风景和拍照。我和队友下车站在观景台俯瞰山下，景色一览无余。在阳光下，寺院像珍珠撒满山间。这让我想起 8 天前缅东那座海拔 1500 米、没有手机信号的帮珠山，而这里没有那么高、那么弯急坡陡的路，也不会有那种与外界失联的恐惧。

毕竟是山路，还是颠颠簸簸走了近两小时。翻过山后，道路平坦了许多，水泥路无尽延伸，连接着一个个城镇和乡村。来缅甸之前有队友查阅过旅游攻略，知道去腊戌途中有个叫“眉谬”的小城很出名，是缅甸的避暑胜地，平均气温 18 摄氏度，一年四季花木葱茏，风景秀丽，享有“花都”之美誉。当汽车行驶到一座城镇边，我们看到路旁民宅小院前栽种着各色鲜花，像一幅幅水彩画在窗边掠过。进到城区，眼前的街道拥挤但干净，马路两边店铺或挂着或摆放着盆栽，给喧嚷的城市喷洒着大自然的清新。缅甸司机做了个手势，不容置疑，这就是眉谬！

眉谬离腊戌不过 50 多公里，接近腊戌时，眼前出现了我们熟悉的

△作者和战友关小维在老火车站前向历史和英雄敬礼

彩云之南的乡村景色。水田里齐整绿葱的秧苗，流过村庄的小河被层层叠叠的大树掩映着。这里不再是缅甸中部马圭田里那种不见庄稼、不见河流，不见翠林青草的荒漠野岭景象。眼前的景色，让人心中油然生起离祖国更近了、离云南更近了的一种兴奋！

经过 6 个多小时车程，终于来到腊戌。这里屋宇密集、道路东西南北整齐交错，店铺商品林林总总，集市上人群熙熙攘攘，好一派繁荣兴旺景象。当年炮火下的残垣断壁、焦土，随着岁月流逝早已不复存在，但是人类的记忆无法抹杀，今天我们来到这里就是一个证明。

4 月 23 日，腊戌之夜显得格外漫长，当城市的喧嚣早已退去，周围一片沉寂时，我仍辗转难眠。脑海中波澜起伏，一遍又一遍地回忆《血胆》作者彼得 · 海洋教授在查阅史料时所看到的那段历史：1945 年 3 月 2 日，驻印军新三十八师反攻腊戌日军，敌人在新腊戌山上筑有坚固和密集的工事，用猛烈的炮火进行抵抗，我军伤亡惨重。父亲所在的第十一集团军二军奉命增援。实际上二军一直从芒市尾随追击日军五十六师一四六联队至腊戍。8 日凌晨，父亲受命带领先遣团攻打新腊戍，摧毁敌人的火力点。父亲是个有勇有谋的年轻指挥官，1944 年 5 月，滇缅反攻战开始，他率敢死团强渡怒江就是采取佯攻诱敌于三江口而实际在黑滩渡下水渡江。他很清楚这次用强攻不行，于是采取派出精悍战斗小组人员迂回包抄接近敌人的战术。但面对依靠有利地形和坚固工事的疯狂敌人，我军的进攻受阻，人员伤亡惨重。父亲通过侦察把兵力集中在一个易攻火力点一举拿下，为先遣团冲锋打开了突破口，8 日上午 8 点胜利占领日军新腊戍高地，战斗中父亲还亲手击毙敌指挥官滕九胜三中佐。这次战斗缴获日军物资一万余吨，切断中印公路，为盟军全面夺取缅甸立下赫赫战功！

△在老火车站站台再次敬礼

长夜漫漫，睡觉时间很短，第二天早上 8 点，我们前往老腊戍火车站。滇缅公路正是由此延伸到缅甸南部直至仰光。据说，父亲当年也是在此出发攻打新腊戍的。不到 20 分钟的车程就到目的地，这里没有东吁火车站那么陈旧，米白色的墙壁顶着砖红色的屋檐，站前花池种了些红花点缀着色彩。车一停，我马上下车快步走到车站入口处抬头望望上面的站牌，那些马蹄形的符号标示着这里就是让我彻夜不眠的地方。那一刻，我眼泪一下涌出来，心里默默地说："爸爸，我带着全家人的心愿来到您战斗的地方了！"随后，我和小维拉起队旗，两位远征军后裔，两位曾经的解放军女兵向着远去的历史，向着英雄的先辈喊着整齐的口令，敬上庄严的军礼！之后我们又走进站台向四面环顾，前方有一片山脉，是新腊戌吗？无人能够回答。望着伸向远方的铁路，想象着当年父亲和远征军官兵们在这里集结整装待发，我再次敬礼致意！我原本希望找寻新腊戌，但听说那里已经靠近边境危险地带，为了全队安全我只得放弃，不免留下深深的遗憾！

离开腊戌的时候，窗外景象闪过，想着这一路穿越了缅甸东部，从中部走到南部，瞻仰了远征军著名战役遗址，看望慰问了抗战老兵，现在又从南部来到这里，来到 70 多年前父亲和远征军将士浴血奋战的土地。天若有情，地若有灵，将会送去女儿对父亲，晚辈对先辈最好的告慰！

滇黔渝之行，昆明启动

2015 年 5 月 24 日　云南昆明　晴

2015 年 5 月 24 日，“重走滇缅路，追寻中国远征”国内行程——滇黔渝之行今日正式启动。行程用半个月左右时间，参观和瞻仰分布于云南、贵州及重庆的中国远征军战场遗址和纪念碑、纪念馆，拜访抗战历史专家，看望慰问抗战老兵，对中国远征军抗战历史做进一步学习、了解和宣传，作为中国远征军后裔也以此完成缅怀纪念先辈的心愿。

启程之前难抑激情，在朋友圈抒发感慨：明天要出发了，沿着滇缅路的坐标前行——在霞光中看看畹町国门升旗，70 年前是英雄的儿女从侵略者手中夺回母亲怀里；俯首腾冲远征军将士名录墙，听听英雄们发起冲锋的呐喊；去保山百年茶店品一壶香茗，也许这是当年抗日盟友欢聚时的至爱；钻进祥云“飞虎队”的机窝，引擎的轰鸣声会在耳畔响起；走上晴隆的山巅，当年黔滇咽喉交通大动脉的壮观，将令人永生难忘……再次与历史近距离对话，再去看看那些风烛残年的抗战老兵，我们的心灵会再次受到洗礼，我们会更加珍爱今天的幸福！

下午，新远征队的 5 名队员从各地来到昆明集合。这一次国内行程依然有泰缅行中的队友关小维和杜宁，算老队友。结束国外行程后，小维与我相约携手继续完成滇黔渝行程。为了这个承诺，她刚从国外归来，没顾上休整又直奔昆明集合！此外，我们又有了几位新队友加入。

重庆市涪陵区城市综合执法局执法大队大队长刘汶武在这次新征程中担任了队长兼“车夫”。在 5 个队员中他是年富力强的 70 后，我们这些 50 后一致推举他为队长。此前因工作原因，他只参加了 4 月 5 日启动仪式后的几天活动，未能与我们泰缅同行。但这一次他的执着感动了领导，终于顺利调整好工作安排，如约而至。

而贵阳电信系统女干部刘先华也是一位远征军后裔，她一再说要好好补上历史这一课。

因为这样难得的缘分，我们这些来自不同城市、不同岗位的人，为了共同的愿望，聚到了一起，风雨同程！

畹町情思

2015 年 5 月 26 日 云南畹町 雨

5 月 25 日下午 4 点多，我们从昆明机场出发，第一个目标就是畹町。畹町，作为我们“重走滇缅路，追寻中国远征”国内行程的第一站，它有着太多值得重拾的历史记忆。这个全国最小的边境口岸小镇，是祖国西南国门，它见证了中华民族的风云变幻、荣辱沧桑，因此，它虽小却厚重。

见到畹町桥

畹町有一座畹町桥，连接着中缅边境。70 多年前初春，它承载着十万远征军热血青年踏出国门奔向异国他乡的抗日战场。然而壮志未酬身先死，两个多月后，他们兵败缅甸，含恨撤退。1942 年 5 月 3 日，日本侵略者的铁甲洪流碾碎了小镇的安宁，撞破我西南国门长驱直入，芒市、龙陵、腾冲的滇西土地相继沦丧！但是乌云永远遮不住太阳的光辉，正义的光芒终将普照人类。1944 年 5 月，中国远征军发起滇西缅北反攻战，至 1945 年 1 月 20 日，英雄们把日本侵略者赶出了国门，将胜利的旗帜插上畹町桥头，再从这里奔向缅甸与盟军胜利会师。从此，这个小镇与伟大、光荣连在一起！

5 月 25 日上午 9 点，我们从楚雄出发一路向西，经过 9 小时车程终于到达畹町。我们的车开进没几分钟就到了口岸所在地，而镇中心就在附近。一种久仰的期待令人激动。下车到了口岸广场，广场虽然不

△畹町桥头

大，一座汉白玉基座的旗杆台立于中央，旗杆上鲜艳的五星红旗在晴朗的天空中迎风飘扬，国门的威严立刻让人感受到这里与北京天安门广场一样神圣！广场两侧是边检大楼，广场前方一尊纪念碑立在高高的基座上面，“畹町桥”三个烫金大字格外显眼，基座周围建有带小石狮的护栏，仿佛卫兵守护。我们快步走到石碑前，代表岁月今昔的两座桥就在眼前：左边一座拱形护栏，中间两车道双侧有人行道的水泥桥是现在的通关桥；右边一座不足50米的军绿色铁栏杆木板桥，桥中部用铁网拦住并立有一块铁牌，上面写着“中缅边境，请勿跨越”。这是界牌，显示着国境线神圣不可侵犯的尊严。不用说，这就是饱经沧桑的畹町老桥。桥下一条河流静静淌过，滋养、繁衍着两岸的生息。按照哨兵指引，大家兴奋地照了一组照片，希望与家人和朋友分享。一位值勤的少校军官听说我们去过缅甸，对我们的行动表示钦佩。他告诉我们中缅边境目前仍不安宁，他们肩负着为祖国守好大门的责任。这简单质朴的话，却令人对这些国门卫士充满敬意。我们打听了每天升国旗的时间，与卫士们相约一定来亲眼目睹这庄严的时刻。

畹町国门看升旗

畹町，作为国门，每天早上8点升国旗的仪式是这里最庄严的时刻。

△畹町国门看升旗

虽然我们住的客栈离口岸不过七八分钟，但今天大家还是早早出门，7点刚过就来到边境广场等候，生怕错过。天公不作美，天阴沉沉的，偶尔还掉点零星雨点，我曾遐想，迎着霞光看五星红旗在这里冉冉升起，看来只能是心中的美丽画面。我和小维两个“兵姐姐”与一个山东籍的少校教导员拉起家常。他告诉我们畹町在20世纪90年代经济很繁荣，被称为“西南小香港”，曾经是地级市，后来降格为开发区，相当于一个镇级单位。城市规格不高，常住人口不到两万人，但民族之间团结和谐，军地关系融洽，官兵们把这里当作第二故乡，很有感情。我注意到早晨有一些小学生背着书包由老师带队入关来上学。教导员说这都是华人后代回国学中文，上辈人不想让他们丢了祖宗的语言和文字。这让我想起泰国大谷地远征军后裔李宏瑛也是这样教育子女的。

快到8点的时候，教导员给我们指指最佳拍照的位置，我们各就各位，严阵以待。8点整，海关的钟声在广场上空响起，从边检大楼的一侧，十名战士护卫着国旗迈着整齐步伐走进广场，他们变换着齐步、正步的步伐，队伍在旗杆前立定，然后立正站立。人虽不多但整齐雄壮。一名国旗手和两名护卫齐步跨上旗杆台，两名护卫协助国旗手整理好国旗，当雄壮的《义勇军进行曲》响起时，国旗手手握红旗，张开臂膀，有力地挥向空中，迎风招展的红旗在旗杆上缓缓上升，最终高高飘扬在国门的上空。我抬头仰望天空中的五星红旗，它像一抹霞光，像一片彩云给天空带去壮美。在奏国歌升国旗那一刻，广场周围的人们都是站立姿势，一片肃静，连等待入关的小朋友也都整齐安静地站立在那里。我心中一阵感叹：不论是在雄伟的北京天安门广场，还是在畹町这样的边陲小镇，当庄严的国歌奏响，五星红旗冉冉升起的时候，它们共同报告着祖国黎明的到来！有五星红旗飘扬的地方就有祖国的尊严与骄傲！

杨自文的抗战文化情怀

来畹町之前，雕塑家李春华和我姐段立华多次向我介绍了畹町的翡翠玉石企业家、勐拱企业董事长杨自文不惜掷重金建设抗战文化博物馆的故事，对此我好奇又敬佩，希望可以拜访他。经李老师牵线，杨董事长专程从昆明赶回来见面，还安排被称为“抗战文化活化石”的王繁华馆长款待我们食宿并陪同参观。东道主的盛情让我们在这个边陲小镇有一种宾至如归的温馨感觉。

中午，杨董事长亲自宴请抗战老兵蔡振基老人和我们及深圳一行客人。这位中等身材、干练、淡定、帅气的中年人果然颇具气度，热情礼貌。他在畹町可是位名人，尤其是在打造抗战文化这方面卓有建树。我抓住饭前机会对他进行了“采访”。他很健谈也很随和。

杨自文是云南保山人，20多年前，从工商管理学校毕业分配到畹町工商所负责报关工作。工作中天天接触到翡翠玉石，他从喜欢到酷爱，从开小店到辞职创业，专门从事这方面生意。他创建的勐拱企业至今已是有20年历史的珠宝企业，在全国已有500家加盟店，“勐拱”已成为中国珠宝首饰业驰名品牌，它拥有的价值10亿元的“亚洲一号”翡翠原石已成为业内一颗巨星。杨自文在畹町工作的这些年，对畹町的历史从一无所知到因熟悉而决心为这段历史做些事情。他说当初是畹町的抗战历史激励了他。

1945 年 1 月 20 日，畹町战役取得胜利，把日本侵略者从畹町国门赶出去。1 月 27 日，中国远征军、中国驻印军和盟军在缅甸芒友会师，1 月 28 日，三支部队乘驾 105 辆吉普车从畹町桥进入畹町，再次举行会师典礼，至此，滇西反攻战胜利结束。这个已深深融入畹町的保山人，非常深情地为我们解释：畹町，傣语的意思是太阳当顶，说明它是具有阳刚之气的地方。他认为畹町在抗战的这段辉煌的历史值得用一种方式去纪念。他认为企业发展具备一定实力时，应该有所担当。于是他开始购买收藏被称为“战地之神”的美式吉普车。他说这些车代表了那段历史，每台车背后都有一个故事。他寻遍了中缅边境乡村城市，不惜用翡翠换取老式汽车，起初准备收藏 105 辆，后来越收越多突破 200 辆，目前为世界品种、类别之最。听了这番介绍我很受感动，向杨自文董事长赠送了《血胆》和《难忘的记忆》这两本书表示敬意。

下午，我们专门参观了勐拱企业的抗战文化博物馆。王繁华馆长介绍，勐拱集团建设了“畹町边关文化产业园”，共有 8 个主题展览，抗战文化是其中最有影响的。王馆长领着我们边走边做讲解。这里高大的墙壁上挂满了二战时期中国远征军和美国盟军联合抗日的大幅历史照片；玻璃展柜里陈列着枪支、弹药、刀具、望远镜、军服、文件等各种实物；长长的通道里，整齐停放着近百辆美式吉普车等各类车辆。在一个宽敞显眼的展区，王馆

△赠书给杨自文董事长

长指着几辆吉普车说：“这就是‘战地之神’！”其中一辆车背后的巨幅照片上说明1949年毛泽东主席进京检阅部队用的就是这款车。我想，这些曾经冒着枪林弹雨驰骋在疆场的“战地之神”，它们与那些有血有肉的勇士不同样是英雄吗？大家纷纷与战神合影，对这无言的英雄表示敬意。抗战博物馆里大量的历史老照片和实物果然名不虚传，而杨自文董事长为此花费的大量心血和钱财，以及王馆长如数家珍的讲解和对抗战历史翔实的介绍也让人折服。

△杨自文的吉普车陈列馆

接着，我们还参观了钱币、邮票、冷兵器等展览，各展览区丰富的藏品让人眼花缭乱，惊叹不已，更对杨自文的企业发展到一定实力而为社会有所担当的情怀深深敬佩！勐拱集团打造的集翡翠、抗战文化和民族文化为一体的“畹町边关文化产业园”已成为畹町旅游观光的一张名片，吸引了越来越多的中外游客。看到一份资料这样介绍杨自文：云南勐拱企业董事长、云南瑞丽市十大杰出青年、云南省德宏州劳动模范。我要说实至名归，为杨自文点赞！

松山、惠通桥：历史在这里改写

2015 年 5 月 27 日　云南龙陵　晴

2015 年 5 月 27 日中午离开畹町直奔龙陵松山。因途经的遮放和芒市有多处修路，耽搁了些时间。到了松山脚下一路向上更是全线施工，车颠颠簸簸走走停停，直到将近下午 5 点才上到松山战役纪念广场附近的公路。纪念广场右侧山坡上是中国远征军雕塑群，左侧通往松山战役遗址。

每次踏上这片曾被中国远征军将士鲜血浸泡的土地，心头总有挥之不去的沉重，总会想起 2013 年 9 月 3 日抗战胜利 68 周年纪念日，百岁老兵水青山老人在松山战役阵亡将士墓碑前伏地号啕恸哭的情景。关于松山战役的艰险、惨烈，了解得越多，就越能够理解老人心中的那份悲痛。

松山是龙陵县境内第一高峰，海拔 2690 米，它耸立于怒江西岸，像一座天然桥头堡，扼住滇缅公路咽喉，具有一夫当关，万夫莫开的险恶，这种易守难攻的战略地位，被军事家称为滇缅路上的“东方直布罗陀”。1942 年 5 月 5 日，中国远征军为阻止日军东进，于危急关头炸毁松山脚下的惠通桥，从而形成敌我双方隔江对峙的局面。日军战略

△松山主峰

△日军暗堡实景

专家预见到松山作为支撑滇西和滇北防御体系重要支撑点的巨大作用，于是派出精锐部队五十六师团工兵联队，并从中国滇西、缅甸、印度等地强征民夫1600余名，昼夜施工，用两年时间在松山修建了一个庞大的地堡群。这些地堡都分上中下三层：上层是枪眼、射击孔；中层是休息室；下层是储藏室，藏有武器、弹药、粮食、水和药品。每一层都用钢筋水泥浇灌，最上层还铺有一米多厚的方木保护层。从各高地到主峰子高地，大小不一的地堡群里，堡与堡之间通道相连，战车也能在地堡里开出开进。这些被日军称为永久性工事的坚固程度令人感到不可思议。日军曾做过试验，数颗500磅的重型炸弹直接命中也未能使工事内部受到损害。于是狂言：松山工事的坚固性是可以抵御任何程度的猛烈攻击，并可坚守8个月以上。遗憾的是，中国远征军当时没有掌握这些情报。后来事实证明，松山战役是难度极大的攻坚战，付出罕见的代价，书写了现代军事史上惨烈的一笔！

1944年6月4日，30架美军飞机以猛烈的轰炸开始了松山战役的前奏，中国远征军七十一军新二十八师等部官兵从山脚仰攻，一路没有任何抵抗的迹象，快到山顶时突遭日军铺天盖地猛烈的火力袭击，顿时官兵尸横山坡血染土地，悲壮的大战由此开始。

我们下车来到松山战役纪念碑广场，从这里沿着林中栈道往上走，沿途不断看到标有日军猫耳洞、单兵掩体、交通壕、典型工事、弹药崖口、坑道等说明牌，纵横交错，虽然只是一部分，但足见当年日军在松山布防固若金汤，也可见当年远征军打松山是何等艰难！走到最高处，在标有“松山主峰爆破落坑之一”的木牌下，我们看到巨大的深坑。这是战争史上的一个传奇：面对日军复杂坚固的永久工事久攻不下的困境，中国远征军八军决定采用“坑道爆破”战术，于 1944 年 8 月 4 日开始，以工兵营分成几个班不分昼夜挖掘坑道 150 米直达日军主地堡之下，放置 TNT 炸药 70 余箱，于 20 日引爆，将松山主峰炸出两个 40 多米宽、30 多米深的大坑，同时也将主堡垒炸飞上天。此后，日军组织敢死队疯狂反扑，双方开始近战肉搏。我们在上山途中看到一块木牌上写着：“……过后清理战场，敌我双方缠斗撕咬，死在一起的士兵有 62 对，阵地上被咬掉的耳朵、被抠出的眼珠和扯出的肠子随处可见，后人将此山头改名为‘肉搏山’。”真是惨烈悲壮至极！

激烈的争夺战一直持续到 9 月 7 日取得彻底胜利。中国远征军浴血鏖战 3 个月零 3 天，历经大战 10 次，小战 100 余次，以牺牲 7000 多名官兵的巨大代价攻克松山，这是滇西抗战中最艰苦的攻坚战，以“松山大血战”闻名天下。值得我和家人铭记的是父亲段国杰和他的部队 1944 年 9 月 6 日上松山与日本侵略者决一死战。这一胜利割掉了滇缅公路上最大的毒瘤。9 月 8 日，潮水般的部队和后勤辎重通过滇缅公路开往龙陵。9 月 14 日，腾冲战役取得胜利，从此滇西反攻战走向全面胜利。

我望着眼前的巨坑，心中充满对勇敢智慧的远征军将士深深的敬仰！虽然它早已不是冒着硝烟的焦土，萋萋的青草告示岁月的更迭，但不变的是那段永恒的记忆！

从松山主峰下到纪念碑广场已经 6 点多了，中国远征军雕塑群近在咫尺，但是由于施工，上去的路被封了，来了松山我不能不去看看父亲！

队友们理解我的心情，都说一起上去，尽管一位工人说路不能走，有危险的，但杜宁大声说："没问题，跟我来！"原来的路被沙土堆满，坡度大而打滑，大家你推我拉互相扶助，终于登上雕塑群广场。

我第五次来到这里，落日余晖下的雕塑群增添了许多沧桑。402 尊塑像整齐排列面向前方，那不正是松山主峰，他们不就是血战松山的英雄们吗？此景令人动容，队友小维的眼圈红了。我快步跑上最高处的将军雕塑群，站在前面深深三鞠躬，刘队长和小维扶我登上高高的基座，我来到父亲雕塑前，头靠在上面深情拥抱，心潮难平，我相信这是我们父女之间又一次天地相聚！

天边落日慢慢被云层遮盖，一组远征军塑像在霞光映衬下，形成一道壮观的剪影，大家纷纷拍下这难得的景观。不知不觉已近 7 点，我们又一次在中国远征军雕塑群字碑前留影，然后匆匆下山赶往怒江边的惠通桥。

暮色已在天空中弥漫，为了在天黑前赶到惠通桥，刘汶武队长开始在松山的盘山公路上快奔起来，虽然大家很信任这位胆大心细技术娴熟的青藏高原汽车兵，但是遇到弯急坡陡还是捏了一把汗，特别是一次转弯时有一辆摩托车突然出现在路中间，好在反应快，真是让人吓了一大跳！

终于在晚上 8 点 10 分赶到惠通桥边，庆幸天还亮着。第一次来的队友兴奋不已，下了车急冲冲跑到江岸桥边上开始拍照。我已是第四次来到这里，这崇山峻岭峡谷中的惠通桥，在我的眼里已不是一座冰冷的铁桥，它仿佛浴火重生的英雄站立在怒江之上，与奔流不息的江水汇成巨大的能量场，令人热血沸腾，不禁回眸 70 多年前为阻敌而炸毁惠通桥的那个震撼乾坤改写历史的瞬间。

惠通桥早已完成了它的历史使命，但它还将作为历史的证物永远屹

△惠通桥留影

立在怒江之上，它是滇西、是中华民族永恒的记忆。有惠通桥在，这历史的记忆就不会消失！

如今，在惠通桥附近有了一座钢筋混凝土结构的红旗桥，它代替惠通桥成为连接怒江两岸的交通枢纽。

当我们从红旗桥离开时已经夜幕降临。因为错过了通往腾冲的高速路入口，走省道虽然远，但成为唯一的选择。然而也因此，我们可以途经海拔 3900 米的高黎贡山——当年滇西反攻战中，不知有多少远征军将士在这里洒热血献生命。我在黑暗山路中想象着当年的情景，亲临历史现场，只有体会了才懂得它的珍贵意义所在。

国殇墓园：聆听历史诉说

2015 年 5 月 28 日 云南腾冲 晴

2015 年 5 月 27 日夜里，我们到达腾冲和顺小镇，第二天上午稍作休整，下午就去国殇墓园和滇西抗战纪念馆瞻仰、参观。这是到腾冲学习了解抗战历史不能不来的地方。我已经第三次来到这里。马娟副馆长热情接待，专门安排出色的讲解员给我们做引导和讲解。

杨淑娟，一位皮肤白皙、笑容可人的腾冲姑娘，与我母亲的名字只差一字，也许因此让我更觉亲切喜欢吧。在国殇墓园入口处墓园示意图前，她为我们详细介绍国殇墓园的来历。国殇墓园是为纪念在 1944 年光复腾冲阵亡的中国远征军第二十集团军将士而修建的一个陵园，是目前全国规模最大、保存最完整的抗战正面战场阵亡将士纪念陵园。辛亥革命元老、爱国人士李根源先生为其题名题字。为何取名“国殇”？小娟说，这是李根源先生取自屈原《楚辞·九歌》中《国殇》的篇名，“殇”字意为未成年而夭折的人，“国殇”直译为为国作战捐躯的年轻战士，意味以国家的名义对阵亡的将士以最高礼仪的哀悼纪念。小娟在介绍中有一段话令我非常感动：“1944 年 9 月，腾冲战后完全是一片废墟，残砖断瓦，尸横遍地。摆在当地政府和广大民众面前的首要任务是重建家园，救济难民，度过饥荒。但是腾冲老百姓首先想到的是这些为争取祖国独立自由而牺牲的民族英雄，于是腾冲百姓及时筹建国殇墓园，以安忠烈。墓园始建于 1944 年冬，1945 年 7 月 7 日正式落成对外开放。尽管战争的硝烟已经散去，但是我们腾冲人对这段历史并不陌生。我们是一代一代读着墓园里‘为世界，卫正义；为祖国，争自由’

△忠烈祠

的题刻长大的，我们对墓园有着极深的感情。”我回想2015年4月2日在这里见到壮观的祭奠英灵的情景，相信小娟的这番话代表了腾冲人的心声。

我们跟随小娟沿着墓园的林间小道缓缓来到忠烈祠，这是国殇墓园的主体建筑，距今已60多年，是供奉阵亡将士英灵的殿堂。祠前石碑上“碧血千秋”四个字是整个国殇墓园乃至整个滇西战场的主题词。在祠堂正中墙面上镶嵌的是国父孙中山先生的遗像，上有“天下为公”横额，下面是“总理遗嘱”全文。祠堂两面墙壁上镶嵌有96块阵亡将士名录碑，祠堂内外悬挂有何应钦、卫立煌等军事将领题写的挽联。

在忠烈祠外有几块石碑，小娟特别向我们讲解《答田岛书》碑。1942年5月腾冲沦陷后，花甲之年的张问德老先生临危受命出任抗日临时县政府县长一职。驻滇西日军行政班本部长田岛为了离间军民关系，就给张问德县长致函，邀请他为解决“双方民生之困难问题”做“长日聚谈”，一派假惺惺嘴脸。张问德县长收到来信后，大义凛然复函田岛，并在回信中痛斥日军在腾冲犯下的种种罪恶，并以自信的口吻预示敌人的最终下场：“由于道德及正义之压力，将使阁下及其同僚终有一日屈服于余及我腾冲人民之前……故关切于阁下即将到来之悲惨末日命运，特敢要求阁下作缜密之长思。”这封信写于民国三十二年（1943年）九月十二日，当时是滇西乃至全国抗战进行最激烈最艰苦之时，这封信写出后，在《中央日报》《大公报》等各大报纷纷刊载，极大地鼓舞了全国民众抗战到底的决心和志气。张问德老先生也被誉为“全国500多个沦陷区县长之人杰楷模、最富有正气的读书人”“全国沦陷区骨头最硬的县长”。2013年，龙陵县县剧团编演了一台大型史诗剧《巍巍松山》，把这位沦陷区最有骨气的县长形象搬上舞台，并于2013年9月2日在中国远征军雕塑群落成仪式活动期间上演，张问德县长与田岛对话的一幕表现出中国人面对侵略者大义凛然的气节，获得全场激动的掌声，这令人振奋的场景至今历历在目。

在忠烈祠的左侧是盟军碑，在收复腾冲的战役中，和中国远征军并肩作战的有一支特殊的军队，他们就是美国盟军。滇西战役中牺牲了19名美国盟军战士，其中有13位是飞虎队队员，在空投军需物资时中弹牺牲，最高军衔是陆军少校威廉姆·麦姆瑞。刻在纪念碑上“鸽子衔着橄榄叶”的图案，象征着中美盟军联合抗击日本法西斯，并一起赢得和平。

位于忠烈祠后方有座半圆形小山坡被当地人称为“小团坡”，在腾冲战役中牺牲的远征军将士的忠魂长眠于此。小娟带领我们来到这里，只见墓地正面镌刻着于右任先生“天地正气”四个大字。整座小团坡上布满了上圆下方的小块墓碑，几十级高高石阶通向山顶。想着这墓下曾是一个个年轻的生命就不禁难过。这里安葬了3346位将士，以“一碑一罐一把骨灰”的合葬墓形式安葬，而且按原作战部队的序列安置，象征这些牺牲的将士依旧是一支整装待发的队伍，他们不朽的英灵会永远保卫着腾冲这片土地的安宁与祥和。

我们沿着小团坡的台阶走到山顶，抬头望去，第二十集团军阵亡将士纪念塔矗立在绿色山林之巅，与蓝天白云融为一体，气势浩荡。塔正面“民族英雄”四个红色大字映入眼帘，这是李根源先生题书。我们

△小团坡上的烈士的墓碑

绕塔一圈，其余三面镌刻的是第二十集团军总司令霍揆彰撰写的《第二十集团军腾冲会战概要》。腾冲战役经过127天的浴血奋战，被称为“焦土抗战”，终于在1944年9月14日取得胜利，全歼敌军6000余名，自抗战以来全面收复第一座县城，开光复河山之先举。远征军付出了牺牲9168名将士的巨大代价，换来这一胜利果实！塔身上方有霍揆彰总司令题的“远征军第二十集团军克复腾冲阵亡将士纪念塔”字样。纪念塔的外形像一把出鞘的长剑，这是一柄用民族精神铸成的利剑，挑落了法西斯日本帝国猩红的太阳旗，粉碎了日军不可战胜的神话！我们列队在纪念塔前鞠躬、献花，向长眠在这里的英灵致敬。我眼前又浮现起清明节在这里见到的腾冲金星幼儿园师生祭奠英雄的感人场景，又想起幼儿园园长那发自肺腑的话：“腾冲城是70多年前用中国远征军将士们的生命换来的，我们要永远记住这些为腾冲牺牲的英雄们。”腾冲人把感恩、崇敬远征军英雄的情感牢牢根植于内心，一代一代传承着。

从小团坡下来，我们瞻仰腾冲籍抗战名将寸性奇将军的墓碑。寸将军是国殇墓园安葬的军衔最高的一位将领。在山西中条山战役中因弹尽粮绝，孤立无援，被日军重兵合围之下，寸将军为保全国格人格拔剑自尽殉国，是一位顶天立地的英雄！

在国殇墓园的右侧，有一处“园中园”，它是中国远征军纪念广场。

在入口正面“华岳英灵”四个大字苍劲有力。纪念广场两侧20个大小不等的立碑错落有致地组成碑林，这象征当年中缅印战区抗战风云跌宕起伏，并以此纪念牺牲的远征军将士。纪念广场有中国远征军简介、三个时期战斗序列、十大主要战役、部分阵亡将士名录等，从不同角度记录了那段特殊历史，为人们留下永久记忆。

在国殇墓园最牵动我心的自然是此前与姐姐前来瞻仰时找到的中国远征军滇西作战序列墙和中国远征军将士名录墙上父亲的名字。按照原有部队建制排列，仿佛他又回到自己的队伍之中，也许对所有的远征军将士来说，这是他们最好的归宿。我们分别向纪念广场和中国远征军名录墙献花并进行瞻仰缅怀。

参观期间，滇西抗战纪念馆杨素红馆长专门与大家见面，还就为查寻泰缅抗战老兵和队员中的远征军亲人是否在中国远征军名录墙资料系统的问题，安排专人帮助落实。杨馆长与我就捐建抗战胜利纪念雕塑问题进行了交流磋商。

2015年的清明节，我曾亲眼目睹了腾冲人从幼儿园娃娃、青少年学生到各界群众，隆重祭奠缅怀中国远征军英烈活动的壮观场面。清明节过去快两个月了，再次来到这里，看到前来瞻仰的人群依然络绎不绝。这一园一馆收藏了太多滇西抗战的历史记忆，园内大大小小的墓碑、纪念碑每一块都记录着撼动心肺的悲壮故事。在离开纪念馆前，在观众留言簿上我写下感言：腾冲为挖掘颂扬中国远征军抗战功绩，弘扬抗战精神做出了了不起的成绩，从20世纪40年代的国殇墓园到近年的滇西抗战纪念馆、中国远征军名录墙，为腾冲人民、为海内外人们祭奠英烈打造了神圣殿堂，从而把人心紧紧凝聚。

致敬，中国远征军！感谢，腾冲！

保山的抗战记忆

2015 年 5 月 30 日 云南保山 晴

△保山滇西抗日战争纪念碑

△罹难同学纪念碑

2015 年 5 月 29 日傍晚，我们从腾冲到达保山市。老朋友——云南春城晚报驻保山记者站站长崔敏热情接待并做了活动安排。30 日正值周六，春城晚报杨艳鹏，保山电视台张维、谢海浪等几位媒体朋友陪同我们先后看望了南侨机工抗战老人和远征军老兵，瞻仰了保山滇西抗日战争纪念碑、保山华侨中学罹难同学纪念碑，参观了中国远征军马王屯指挥部遗址即立煌营、板桥百年老茶馆，并跟随一路拍摄和采访。这些是保山抗战记忆最具代表的缩影。

保山位于怒江东岸，虽因惠通桥的炸毁而阻止了西岸的侵略者，然而依然没能逃过他们空袭的悲惨命运。保山抗战记忆最悲惨最痛苦的全刻在华侨中学罹难同学纪念碑上，这是对日本侵略者的血泪控诉！1942 年 5 月 4 日，是保山人也是中国人永远忘不了的“最黑暗的五四青年节”！日本空军突然出动飞机两轮共 54 架次，对保山城进行了突然轰炸。当天正是保山城赶街的日子，

△卫立煌等中美指挥官在保山远征军指挥部驻地（左起：上校约翰·赛尔斯，西部作战指挥官；准将费兰克·多恩，中国战场作战指挥官；中将黄杰，中国远征军总司令；中将俞大维，军部次长）（资料照片）

又是五四青年节，学校停课开运动会庆祝，密集的人群成了日军飞机的活靶。铺天而来的疯狂刽子手的飞机，倾泻下雨点般的炸弹，顷刻吞噬掉数万名保山平民、归国华侨、青少年学生和远征军官兵的生命，保山顷刻成了一座死亡之城。因死人太多，随后引起霍乱等传染病又使保山成为一座瘟疫之城！

△卫立煌将军（资料照片）

而保山抗战记忆中最值得骄傲的应是那个原本不起眼的小山村——马王屯。

1943 年秋天，在滇西反攻战前夕，中国远征军最高司令长官卫立煌将军为便于靠前指挥，把长官部由楚雄向西推进至保山马王屯。这里四面松林蔽日，极具隐蔽性，距怒江前线仅 70 公里。从此马王屯成为滇西反攻战的大本营。抗战胜利后，为纪念卫立煌将军指挥的远征军抗战功绩，国民政府将马王屯改名为“立煌营”。我们来到这里，现在是一个生态农庄小院。当年那个调动千军万马，反攻前灯火通明，人影穿梭，万般繁忙，箭在弦上一触即发的总指挥部早已物去人非。仅仅在路口见到一块刻有“马王屯立煌营”的石碑。院子里有一个由农民李学伦自办的“卫立煌长官司令部陈列馆”,这是一个只有数十张照片的简陋的展室，但我还是钦佩李学伦的举动，毕竟他没有忘记历史。展室中寥寥 20 多张老照片和路口孤独的石碑提醒人们勿忘历史——马王屯是中国滇西抗战史上不可磨灭的坐标！

保山的抗战记忆中，还有板桥百年老茶馆以它历史绵长传承至今而让人回味无穷。茶馆门前的青石板路、被烟熏黑的木板门框、灶台上的大锅、堆了一地的木柴、粗糙的木桌椅、古朴的茶具和凹凸不平的地面，这些与现代生活格格不入的风格有时也是都市人追求的一种体验。我们坐在这里喝着清茶吃着当地小点，看看木板墙上的老照片，仿佛听到中国远征军的官兵和抗战盟友在这里驻足品茶、欢聚一堂的笑声。百年茶馆以它朴实的经营和在抗战中的特殊经历，不断延续着它的生命！

△板桥百年茶馆

保山媒体朋友精心安排、热情款待，让我们不虚此行！

美丽名字背后的厚重历史

2015 年 5 月 31 日 云南大理 晴

2015 年 5 月 30 日下午离开保山，大约在下午 5 点到达大理。原打算这次来大理拜访下关沱茶集团陈国风董事长——一位用实际行动去关注抗战历史、关爱抗战老兵，有责任心的民营企业家。不巧他去广州参加茶博览会，特意交代杜发源副总经理帮助安排我们在大理的行程。没见过杜总，但他很快把第二天的行程、车辆、联系人都落实了，让人感受到他的热情和高效。

5 月 31 日上午 9 点，杜总带着公司的中巴车和几名工作人员接我们前往祥云县参观。从大理至祥云大约一个半小时，路上杜总向我们介绍他们公司从 2014 年开始开展“‘心存天下，关爱永恒’，关爱滇西抗战老兵”爱心活动，他们通过拍卖和义卖筹得善款 40 多万元，花了 5 个月时间跑了大理、保山、德宏三个州、市十多个县，寻访慰问老兵 100 多位，表达了下关沱茶企业家的爱心、责任心。他们的义举令人感动！

△修筑滇缅公路用的“压路机”

到达祥云，杜总专门邀请一位县文联委员、全国关爱抗战老兵志愿者、对抗战历史颇有研究的郭希柱老师给我们当向导和讲解员。郭老师是位清瘦的年轻人，他首先带我们到滇缅公路的一段遗址边。在滇缅公路纪念碑周围放着十多个大小不等的石碾，这和我们在龙陵见到的两个石碾是一样的。除了当年修筑滇缅公路，它们也是修飞机场时的“压路机”，当年修路几乎没有机械设备，全靠它们，功劳很大。这些“功臣”现在很多地方已见不到了，大理这里是全国留存最多的。望着这些庞然大物，足有 1.8 米高，约三五吨重，可当年却是一群瘦小的男人甚至女人用他们的血肉之躯把它拉动向前，他们的肩膀、胳膊、手被磨得血肉模糊，就这样一点一点往前走，压出了公路和跑道。当年的修路者恐怕许多已不在人世了，而石碾这群无言的亲历者将永远站立在这里向人们展示着那段血汗交织的艰难岁月！

接着我们去看飞虎队的“机窝”，也就是云南驿机场，这是祥云最有代表性的历史遗址。郭老师带我们来到一片空旷的农田边上，如果不介绍，真看不出其中的奥秘。经他指点，我们看到一座围成“U”字形的低矮土墙，约半米高，4 米宽，这就是神秘的“机窝”。抗战初期，中国空军力量薄弱，1941 年国民政府前往美国招募飞行员和购买飞机，成立了援华美国航空志愿队，就是后来大名鼎鼎的飞虎队。开始总部设在昆明，1941 年日军进攻缅甸后，飞虎队就常驻云南驿机场，以防缅甸日军进攻中国，因为这里是最佳战斗基地。1942 年 5 月 5 日，惠通桥被我远征军炸毁，阻敌于怒江西岸。日军企图

△机窝遗址

抢修，飞虎队从云南驿机场出发的飞机，对日军进行连续多日轰炸，彻底破坏了架桥设备。1944年5月滇西反攻战开始后，从这里起飞的飞机也支援了松山、腾冲战役，为中国抗战建立了卓著功勋。当年云南驿也是驼峰航线上的重要中转站，通过这条运输线，中国向印度运送派往境外对日作战的远征军士兵，再从印度运回汽油、器械等战争物资。那时有66个“机窝”，停放有战斗机、运输机、轰炸机。郭老师手指着前方说，这个“机窝”对面50米的地方是主跑道，20米的地方是副跑道，都是水泥路，三四年前才改成农田。别看现在空旷和寂静，当年可热闹呢，繁忙时每5分钟起降一架！望着眼前这大片大片黄澄澄的土地，已找不到战机轰鸣冲向蓝天的壮景，它仿佛一个脱下战袍颐养天年的老人，在阳光下享受着这份安闲。

△云南驿机场（资料照片）

离“机窝”二三里的地方，有一座高大的古色古香的牌坊，上面写着“云南驿”三个字，这里曾经是茶马古道的一段，从牌坊向里走有一条青石板路伸向前方，路两边是老式客栈和店铺建筑群，许多虽年深日久但还保存着原貌，有的已经翻修过，面貌一新，形成一条记录云南驿历史的老街。在一座大门紧闭的古老院宅前面，郭老师介绍这是1937年建立的中央空军军官学校初级班的遗址。我们从露出院墙的二层楼房可以看出这个院子不小而且建筑挺讲究。抗战全面爆发后，国民政府把

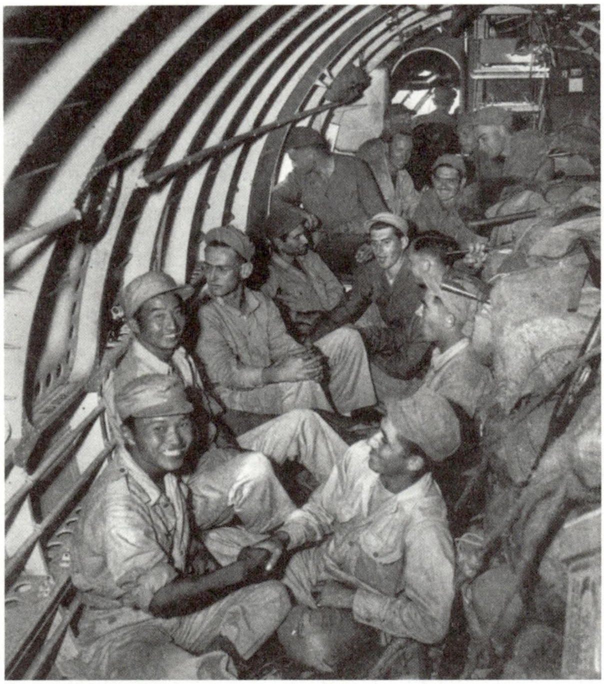

△美军联络官、作战官兵们在缅甸与中国军队并肩作战，随中国军队从缅甸飞越驼峰前往中国（资料照片）

中央航校从杭州迁至云南，改名为中央空军军官学校。分别在云南驿、蒙自和昆明成立了初级、中级、高级班，面向全国招收飞行学员。教官除本校毕业飞行员外，还聘请外国教官和顾问，陈纳德为中央空军总顾问。至 1942 年，云南驿培养了第十三、十四、十五期学员共 300 多人，他们曾先后到美国完成受训，回国抗战，在对日作战中大部分阵亡。现在，这些飞行员健在的不到 10 人。说到这些郭老师声音很低沉。

在祥云还有一个美国空军英雄的故事家喻户晓。郭老师带我们来到距县城三公里一个叫清华洞的地方。在一片静静的树林中，美国飞虎队莫尼中尉纪念碑矗立在一个小山包上，碑的四周绿树成荫，唯有纪念碑昂首挺立与蓝天白云浑然一体，象征英勇的飞行员永远与蓝天在一起。莫尼中尉的故事我听说过，但当我读了郭老师送给我的《飞虎队与云南驿》一书中关于莫尼故事的讲述，我更加被这位年轻的美国飞行员的壮烈之举感动得泪流满面。这里完整摘录云南省作协原副主席、作家胡廷武先生为此书作序中一段关于1942年12月26日对日作战的精彩描述，为了让更多人记住这位英雄。

日军派出30多架飞机空袭云南驿机场。由于机场跑道限制，只能单机起飞，一位飞虎队员抢先驾机冲向敌阵。他就是莫尼中尉。他果敢地击毁了敌人领队的飞机，但同时他的飞机也中弹起火，而另一架敌人的飞机却迎面朝他冲来……从祥云至云南驿一带，数万名中国人仰着头，像看电影一样，观看了这一场惨烈的战斗。他们看见莫尼中尉决然地冲向迎面而来的敌机，看到他那绘有勇猛的鲨鱼头的飞机，在撞断敌人机翼后，拖着浓浓的烈烟，摇摇晃晃地朝着祥云坠去。莫尼中尉如果及时跳伞，他生还有望的，但是他的飞机则坠落在民房上甚至人群之中。也许在这一期间，他做出了生死抉择，于是人们看见他放弃最佳跳伞时机，操控着受了重创的飞机滑过县城上空。因为失去必要的跳伞高度，当他从火焰中飞出机舱时，降落伞还没完全打开就重重摔在了地上。他牺牲时，年仅22岁。

我们站在碑前肃立，杜宁口诵《心经》，用这种特殊方式向这位为中国抗日战争献出年轻生命的美国青年英雄表示深深悼念和崇高敬意！

△莫尼中尉在自己的战机上（资料照片）

跟随郭老师在祥云一路参观，他的讲解让我感到他的情感深深融入那段抗战历史中，给人以感染。聊天中我了解到这个年轻人从学生时代就迷上考察飞虎队在云南驿的历史，创建飞虎队祥云网站，任云南驿二战中印缅战区交通史纪念馆馆长，其事迹被美国《纽约时报》报道。2014 年 9 月，他受美国飞虎队协会等邀请随云南飞虎队研究会前往美国参加飞虎队老兵重聚和二战文化交流活动。15 年来，他曾寻找考察二战坠机地数十处，寻访美国飞虎队老兵、中国抗日空军老飞行员、远征军老兵等上百名。

在祥云几个小时的所见所闻让我惊讶，这个有着美丽名字的地方，承载了如此厚重的历史！

在回大理的路上，杜总给了我一个惊喜。他听说我父亲曾是远征军第十一集团军宋希濂所部，就专门带我们去大理七里桥参观一个院子。走进大院，这里青草如毯、绿树成荫，高大的树下摆放了一些圆桌，人们围坐着品茶聊天。红红的遮阳伞和灯笼点缀着绿色格外显眼。

杜总带我们走到一栋有院墙的二层小楼前，告诉我这是当年第十一集团军指挥部所在地，宋希濂司令等在这里住过，此楼叫五凤楼，也称“将军楼”。我听后一阵激动，久久凝望这座经历了 70 多年风雨飘摇仍然屹立不倒的铁打营盘。我琢磨着父亲当年曾到这里开会

△位于大理七里桥的中国远征军十一集团军军部遗址

接受命令……时光荏苒，人去楼空，但当年指挥部的格局和气势却如烙印般镌刻在这里。听说这里要进行翻新，我更希望能把历史的原貌留下来，让人们能穿越时空追寻永恒的历史。

在缅甸和腾冲的抗战老兵罗春香、蔡振基、卢彩文老人都谈到，他们参军后曾进入滇西战时干部训练团学习。干训团成立于1942年8月，也是当时的黄埔军校，为日后的反攻战培养了2000多名优秀人才，他们中的许多人在战场上不怕流血牺牲，英勇战斗，献出了自己年轻的生命。这个干训团就在大理三塔寺里。我向杜总打听，希望能去参观，但得知那里已在十年前的改造中消失得没有遗迹了。这不能不令人十分遗憾！我又想起前两天在保山马王屯看到的滇西抗战前线总指挥部“立煌营”的那块孤独的石碑，这些在抗战历史上曾经浓墨重彩的地方，难道不是值得我们去保护的宝贵历史遗迹吗？

大理，人们可能更多记住了苍山洱海、风花雪月的美丽自然景观，但是它在抗日战争中所发挥的重要作用，特别是中国远征军在此驻军训练备战，是“战时黄埔军校”的这段历史，给了这个美丽的地方更多令人品读的内涵。

昆明：凝视一座座丰碑

2015 年 6 月 3 日 云南昆明 晴

2015 年 6 月 1 日下午从大理到达昆明，3 日下午离开。在昆明资深志愿者段国庆老师的热情帮助下，瞻仰滇缅公路零公里处纪念碑、南洋华侨机工抗日纪念碑、驼峰飞行纪念碑、中国远征军缅甸战役阵亡将士纪念碑、陆军第八军滇西战役阵亡将士纪念碑等。这些纪念碑是滇西抗战中几支重要力量历史功绩的永久记忆，蕴含这座城市对这段历史的敬仰、缅怀，也象征它们之间生死与共的关系。

血肉公路

段老师首先带我们到昆明西郊春雨路与岷山公交车交接路口，我们看到一幅引人注目的大型浮雕墙，它是滇缅公路零公里处纪念墙。纪念墙用文字记录了滇缅公路的来历和历史功勋。滇缅公路始于昆明西郊，终于缅甸腊戌。1937 年，倭寇横行，犯我中华，山河沦陷，百姓离乱，时内陆与国际陆海交通几至断绝。为挽救民族危亡，坚持抗战，于是公议新辟滇缅公路。这条公路有 80% 路段穿越中国山体最坚硬的山区，横跨中国最湍急的河流，20 万劳工付出死伤过万的代价，历时 8 个月，建成这条长 959.4 公里的公路。抗战初期，全中国几百万军队所需要的武器装备、维持经济运转所需要的各种物资，都依赖这条生命线运进大后方。纪念墙一幅幅雕刻再现当年 20 万劳工用最原始的工具艰辛修路的过程：在崇山峻岭中男人们手握铁锤钢钎开山劈石，爷孙几代人拉着沉重的石碾压路；女人们拖儿带女在工地上辛苦劳作，一边是背上熟睡的幼子，一边是帮忙砸石头子的孩童……段老师望着这些雕塑动情地说，修滇缅公路最缺的是机械设备，靠的是手工劳动，而且大部分是老人、妇女和孩子，他们都是用自己家里带来的背篓搬运泥土和石块，就是靠这种蚂蚁搬家的方法，一点一点修成了这条中国人的生命线！滇缅公路创造了人类奇迹，昆明就是奇迹开始的地方。

赤子功勋

昆明市郊的西山，这里长满郁郁葱葱的参天大树。在上山的公路旁我们见到绿树环抱中的南侨机工抗日纪念碑。十几个台阶之上高约9米的纪念碑直指苍天，基座上“赤子功勋”四个大字特别显眼耀目。这让我马上想到在保山拜访的南侨机工百岁寿星翁家贵老人和刚刚在昆明见到的罗开瑚老人，还有罗老的战友周开定，他牺牲在滇缅公路运输物资的途中。段老师说：“这是1985年云南省政府建的纪念碑，为了纪念当年那些回国为抗战服务的华侨赤子。”1938年滇缅公路建成后，国民政府成立了“西南运输处”负责运输事务，首先是招募、训练司机，然后派去缅甸仰光接车，把国外援助和购买的汽车组装完成并装载物资运回西南大后方。

△南侨机工浮雕墙

从1939年到1942年的三年间，滇缅公路上一共抢运回国13,000多辆汽车。有了车辆却又面临司机严重缺乏的问题。东南亚华侨领袖陈嘉庚先生得知这一情况，立即号召华侨中的年轻司机和技工回国参加抗战。众多爱国华侨踊跃报名，有的甚至放弃了当时优越的生活和工作条件，先后有3192人志愿回国援助抗战，被称为“南洋华侨机工回国服务团”。1939年2月至8月，南侨机工分9批回国，都先在昆明潘家湾汽车训练学校进行两个月的军事和政治培训，学习地理、政治、军事、防空等课程。段老师说，过去这些司机大都是在城市里开车，来到云南特别是在滇缅路上开车，华侨司机几乎要从头开始学习如何在崎岖的山路上开车。南侨机工在三年时间里，往返于滇缅公路抢运了近50万吨军需物资还有无法统计的其他物资及用品，为抗战做出了不可估量的贡献。可以说，昆明是培养南侨机工这支特殊队伍的摇篮。

驼峰飞鹰

离开西山，我们又随段老师来到昆明玉案山郊野公园。我们的车在园中一块平地上停下，走到一片松林中，长长的石台阶梯通向前方的山坡，举目望去一座高大挺拔的纪念碑在蓝天白云的映衬下直冲云霄，这就是驼峰飞行纪念碑。

台阶边上一个橱窗里用图片和中、英文字介绍驼峰航线的历史功勋。驼峰航线是1942年滇缅公路被日军切断之后，中美双方共同开辟的航线，它从印度阿萨姆邦起至中国昆明（南线800多公里）。从1942年5月至1945年8月，历时3年多时间，中美两国在驼峰航线上共投入2000多架飞机，往来运输各种军需物资80余万吨，运送军事人员4.3万余人，还有千余架作战飞机经驼峰航线进入中国抗日战场。驼峰航线的飞行为中国抗日战争和世界反法西斯战争胜利建立了不朽的功勋。驼峰航线和驼峰航线的飞行是世界航空、空运史上的首创和壮举。段老师指着一幅照片给我们介绍，驼峰航线的飞行条件非常艰苦，途经高山雪峰、峡谷冰川、热带丛林及日军占领区，飞机失事是常有的事情。驼峰航线下很多山谷中，都有坠毁的飞机残骸，天气晴朗时，残骸金属碎片在阳光照射下闪闪发光，竟成了导航标志，人们把这些山谷称为“铝谷”。我看着“铝谷”的照片，想象那一场场悲壮的飞行，心头沉甸甸的。

我们顺着台阶往上走，大约登上 40 级台阶，纪念碑矗立在郊野公园高处的广场中央。纪念碑造型独特，由 3 块碑石组成，若干方块白色大理石贴面。中间平顶的主碑约 10 米高，上面由张爱萍将军题写的“驼峰飞行纪念碑”苍劲大字清晰可见。两侧附碑顶端为三角尖刀形状，高出主碑形成错落之势，象征艰险的山峰，也仿佛欲冲蓝天的飞机，给人无限遐想。

在纪念碑广场，段老师兴奋地前去和一组参观者打招呼，得知其中一位女士是抗战期间著名空军英雄高志航的女儿高丽良。高大姐因接受南京电视台采访在女儿陪同下来到这里。

她的父亲高志航将军是抗战期间中国空军王牌飞行员，被誉为“战神”。他 1920 年投笔从戎，考入东北陆军军官教育班，后到法国学习两年飞机驾驶，回国后在空军任职，曾任中国空军驱逐机部队司令、第

△“战神”高志航（资料照片）

△作者一行与高将军女儿在驼峰航线纪念碑前合影

四航空大队大队长。1937年11月21日对日空战中牺牲，年仅30岁。

当段老师向她们介绍我的父亲段国杰将军时，高大姐热情地与我拥抱，深情对我说："我们都是英雄的后代，在这里相遇是我们的缘分！我们一定要用我们的行动去宣传，让更多的人知道先辈们为中华民族流血牺牲的历史，我们要继承英雄父辈的精神，为实现中国梦尽自己一份力量。"高大姐的确也是这样做的，她已年近八旬，还在担任云南飞虎队研究会副会长，接待一些国内外参观访问团，向大家宣传中国空军和美国飞虎队在抗战中的历史功绩。我向高大姐表示了对抗日英雄高志航将军的崇高敬意和缅怀，也对她的不懈努力表示敬佩。我还向她介绍了我们的活动及体会，她对此非常赞赏，认为这是一种历史责任，是传承英雄精神的实际行动。高大姐听说我们上午一路瞻仰了滇缅公路、南侨机工纪念碑又来到这里，很感叹地说："昆明对抗战的贡献很大呀！滇缅公路和驼峰航线都与它紧紧连在一起，我对它有很深的感情！"南京电视台对我与高大姐偶然幸会及我们的新远征行动进行了即兴采访。的确，今天两位抗日英雄之后相遇在英雄的纪念碑下，是一场意外中的偶遇，也仿佛是一段冥冥中的缘分！

滇缅英魂

在昆明市区的另一座公园，我们找到了中国远征军缅甸战役阵亡将士纪念碑和陆军第八军滇西战役阵亡将士纪念碑。入缅作战纪念碑原来是远征军二〇〇师官兵为纪念戴安澜将军建的碑，后改为此碑。碑文主要介绍戴将军在缅作战的功绩。八军阵亡将士纪念碑为在松山战役中壮烈牺牲的数千名八军将士而立。和西山、玉案山公园不同，这里的游客很多，肃穆的纪念碑已与喧闹的都市融为一体。在一片树林中，中国远征军入缅作战纪念碑默默庄严矗立，不远处一群自发组织的歌咏队一曲接一曲唱得不亦乐乎。一种不安在心头翻腾，我担心这喧闹会惊扰长眠在地下的英灵。后来转念想，英雄们用他们的生命换来了今天的和平安宁幸福，这不正是几代人的梦想吗？想到这，我得到释怀。

在昆明期间，我专门邀请中国远征军司令长官卫立煌的孙女卫修宁女士及南侨机工后裔汤晓梅女士与我们新远征队队员及段国庆老师共进午餐。2013 年 9 月 3 日，我和修宁姐姐在云南龙陵松山参加中国远征军雕塑群落成仪式上相识并成为朋友。同年 12 月，我编撰了《难忘的记忆——〈血胆——中国远征军段国杰将军征战录〉问世前后纪实》，修宁姐姐为此写了《血胆》读后感，表达了对自己爷爷和远征军英雄的

△缅甸战役阵亡将士纪念碑

△左起：戴安澜将军之子戴澄东、郑洞国将军之孙郑建邦、国民党荣誉主席吴伯雄、卫立煌将军孙女卫修宁、郑庭笈将军之子郑心效

△孙立人将军之子揭均（右）与卫立煌孙女卫修宁（左）

追忆缅怀。在这次见面席间，她与我和队友们热情畅谈，对我们重走滇缅路的行动大加赞赏，她所在的云南飞虎队研究会将在6月底赴美国进行纪念中国人民抗日战争暨世界反法西斯战争胜利70周年大型图片巡展。她很高兴将与飞虎队健在老兵及后裔欢聚一堂。我们纷纷送上祝福，预祝她漂洋过海的70周年纪念活动圆满成功！最后，修宁姐姐送我两张珍贵的照片，一张是2013年她与国民党荣誉主席吴伯雄合影，另一张是她与孙立人将军之子揭均合影。

昆明的两天多时间里，段老师带领我们马不停蹄的参观寻访，收获颇丰！

我眼中的二十四道拐

2015 年 6 月 4 日 贵州晴隆 晴

2015 年 6 月 3 日下午 4 点离开昆明，沿着昆明至贵阳的高速公路奔驰，晚上 8 点半到达贵州省晴隆县，至此我们在云南境内重走滇缅路的行程全部完成。

过了曲靖，慢慢进入贵州，山一座连着一座，绵延不断。跟随我们许多天的热情的艳阳好像倦怠的归鸟躲到山那边去了，贵州的天气不像云南那么热情，阴沉着脸迎接我们的到来。此行到晴隆就是为亲眼目睹著名史迪威公路一段“二十四道拐”的壮观，这样的天气令人有些担心。7 点半左右，天慢慢黑下来，前方收费站电子屏幕上滚动闪烁的“晴隆”二字，让我们的眼睛也跟着它闪烁起来。原以为可以很快进到县城，但一路上修路带来的泥泞和坑坑洼洼，这段路走了一个小时。晴隆县城不大，像个小山城，透着灯光的建筑高高低低错落在四处。在县城老城区找了一家酒店放下行李，我们赶紧去解决肚子问题。沿街走了一路，发现每个店铺不论大小都挂着一幅二十四道拐的照片或宣传画，可以说，二十四道拐是这座小城的标志和骄傲。

据资料介绍，二十四道拐是 1936 年建成的从晴隆山脚大水沟至鸦关关口的一段弯急险峻的公路，直线距离 350 米，垂直高度 266 米，在 60 度斜度上以 S 形顺山势而建，蜿蜒至关口，全长 4 公里。二战期间，美国的援华物资经过滇缅公路到达昆明后必须经过二十四道拐的滇黔线才能送到前线和重庆。二十四道拐成了中缅印战区交通大动脉，承担着国际援华物资的运输任务。1942 年，由美军工兵技术人员设计，美军

△二十四道拐全景

一八八〇工兵营和晴隆千余百姓进行改造工程，竣工后，用3个月的时间向前线运送了大量军用物资，为抗战做出了极大贡献。日寇曾多次派飞机对二十四道拐进行轰炸，欲截断滇黔咽喉，可见它的重要战略地位。

一早起来，首先到酒店外面察看天气，天还是阴阴沉沉，好在没有下雨。9点时我们按照当地人指引找到上晴隆山观景台的路口，车刚开了几百米，上山的道路也在修，庞大的挖掘机横在路中，把八九台车塞在路上动弹不了。这让我们感到有些着急，但没想到半个多小时就疏通了。上山的路况不错，两车道的柏油路虽然弯多但路面平坦，外侧的水泥护栏看上去敦实安全。大约20分钟后，我们到达了观景台的山坡。这里也在大兴土木搞建设，到处是工地。通往里面的路被拦起来，经过交涉，我们把车停在围栏外，人被允许进到里面。

这里是晴隆山的最高处，放眼望去，广阔的视野令人心旷神怡。依着山边建有长长一路的观景台，还有半悬空的摄影台。天气虽然阴沉，但站在观景台向山下望去，眼前的景色十分美：二十四道拐扁扁长长回形蜿蜒，仿佛银蛇缠绕在郁郁葱葱的山林中，一团团的雾在山中飘荡，银蛇时而清晰时而模糊。雾仿佛十分眷恋这片山林，久久不愿散去。旁边有位年轻的旅行者，十分自信地告诉我们，耐心点，再等等，好景在后面。等待的时候，远处山边小道不知从哪里涌来一群羊，这些温驯的生灵很有秩序一个挨一个走，但也有几只胆大不守纪律的跳到山崖边吃草。大约10点半，太阳终于露出笑脸，雾渐渐散去。曾经许多次在照片上见过的壮景这时真真切切呈现在眼前，蜿蜒的公路清晰可见，来往穿行的黑色、白色、黄色、红色汽车仿佛血液般在路面流过，这让我想起那句话，二十四道拐是抗战时期的交通大动脉，是中国运输的生命线！这条大动脉、生命线如今就在我们的眼前。大家兴奋地用不同角度拍下许多照片，然后决定下山亲临现场走一遍。

我们坐车下山来到二十四道拐的起点大水沟，顺着公路慢慢向上走，身边不断有车辆通过。这段公路依山势呈弯道盘旋，虽山势陡峭，弯道频繁，但设计周密，上下堡坎、挡土墙都是大石砌成。在路边还有一座半地下的碉堡保存完好。当年这条公路由美军工程部队和晴隆百姓进行改造，后来一直由美军维护，直到日本投降，保证了这条公路的通畅，为中国抗战运输物资做出了很大贡献。70多年过去了，这条公路仍然继续发挥作用。过去我们只是听说，而今天我们站在二十四道拐上，对历史有了一种真切的理解，也感受到这条跨越了70多年的生命线还在延续着它的生命，展示着它的活力。

△“二十四道拐”石碑

戴安澜将军与山河永存

2015 年 6 月 5 日 贵州贵阳 雨

△ 1939 年，戴安澜将军在全州

2015 年 6 月 4 日下午离开贵州晴隆前往贵阳，途经贵州安顺市去华严洞。1941 年中国远征军五军二〇〇师戴安澜将军所部，入缅作战前曾在那安营居住。

6 月 5 日，我们冒雨来到位于贵阳市花溪区的花溪公园瞻仰著名抗日英雄戴安澜将军衣冠冢。经过一片开阔的四周铺满绿草的石板地，登上台阶，在第一个平台上就看到一块刻有金字的黑色石碑。石碑的一面刻有戴安澜将军生平，另一面是美国总统罗斯福追赠戴安澜将军的懋绩勋章令。继续往上走到第二个平台，戴安澜将军的石刻塑像就立于此。基座刻有周恩来总理当年的挽词“黄埔之英，民族之雄”几个大字。雕塑后面绿树掩映的墙上嵌着早年戴安澜将军的墓碑，上面刻有他生前给各位部下的手沥。蒙蒙细雨中，我们神情凝重地站在戴将军的塑像前缅怀这位中华民族最优秀的儿子。

戴安澜将军是安徽省无为县人。1937 年抗日战争爆发后，他在台儿庄战役、武汉会战、徐州战役中屡建战功，特别是在昆仑关战役中击毙日军少将中村正雄，重创日军，立下汗马功劳，获得“当代之标准青年将领”的赞誉。1942 年 3 月 1 日奉命率二〇〇师入缅作战，3 月 8 日到达同古，在援军不到的情况下，一次次粉碎 4 倍于己的日军进攻。此次战役后，二〇〇师未来得及休整，又奉命进行收复棠吉的战役，很快取得胜利。5月16日，戴安澜于指挥所部撤退途中，不幸中弹负伤，至5月26日逝世，享年38岁。

△戴安澜将军墓前雕塑

关于戴安澜将军殉国前后的往事曾看过许多报道。据戴将军的作战秘书回忆：戴将军在弥留之际示意卫士将他扶起，面向祖国方向凝视。当副师长郑庭笈问他下一步怎么把部队带回去时，他已说不出话了，示意战士拿出地图，用手指着地图，要部队立即在茅邦处渡过瑞丽江，又用手指了回国的路线。戴将军到临终也不忘要让部队回到祖国！

戴将军殉国的消息不仅令二〇〇师官兵号啕大哭，悲痛至极，当他们千辛万苦把他的遗骨带回祖国，到达腾冲县时，县长张问德率20万父老乡亲沿街跪拜迎接英灵。从昆明到广西全州，沿途各城摆出供桌倾城祭奠，场景感天动地，表现了广大民众对戴安澜这位民族英雄的深深敬仰和痛惜之情！

戴安澜将军去世如同巨星殒落，国共两党领导人和著名将领纷纷书赠挽诗、挽联、挽词哀悼纪念。1942年10月，国民政府颁令追戴安澜为陆军中将。1956年9月，中央人民政府内务部追认戴安澜为革命烈士。1979年，经邓小平批示重修戴安澜将军陵墓。历史已经远去，戴安澜将军与日月同辉，与山河永存！我相信，这是所有爱戴他的人们的心愿！

警示钟：重庆大轰炸惨案遗址

2015年6月6日 重庆 晴

2015年6月6日下午5点多，我们从贵阳出发前往重庆，由于前方发生山体滑坡堵塞了路面，汽车堵在路上无法前行。这恼人的交通，愣是让一段高速路程拖成了一场“马拉松”。

凌晨4点半，我们终于到达还在熟睡中的山城。经过几小时的休整，一路辛劳的刘汶武队长还未完全恢复元气，却又带着夫人盛琳款待队友们用餐，下午还给我们带路参观市内几个抗战历史遗址。

在重庆渝中区较场口一条主干道上有一面石墙上的“重庆大轰炸惨案遗址”几个大字特别显眼。墙上刻着一些浮雕，还有一块黑色石碑上记录着日本侵略者对中国人民欠下的血债：1941年6月5日晚上，日军飞机对重庆进行了惨无人道、长达5小时的“疲劳轰炸”，导致演武厅、十八梯等处防空隧道避难群众窒息和发生践踏，2500人遇难。这是中国抗战期间发生在大后方的最惨痛的事件，当时，整个重庆硝烟弥漫，哀号遍野，一座美丽的山城就此笼罩在黑色阴暗的天空下。这次轰炸，

△重庆大轰炸惨案遗址

给重庆人民带来了无穷尽的恐慌和悲痛。

这就是震惊中外的重庆“六五”大隧道窒息惨案。为了警示后人“勿忘国耻，居安思危”，重庆文物保护单位特地在演武厅隧道口原址建立了纪念墙。纪念墙背后还开设一个微型展览区，展示了十余幅惨案现场的历史照片。每一幅都惨不忍睹，都是日本侵略者对中国人民犯下滔天罪行的铁证！其中有一幅航拍照片展现的是在日军飞机轰炸下重庆山城，画面上整座城市已完全被炮火硝烟所笼罩，有的地方还冒起巨大的火球。另一幅是近景照则清晰再现了当时的惨状：近百个平民惨死于一条阶梯上，有的零散横陈，有的扭曲成堆，更令人触目惊心的是两个幼儿俯仰而死。不难想象那一刻，这些无辜的平民是多么惊恐和绝望。

其实，重庆“六五”大隧道窒息惨案只是侵略者罪行的一部分。当时，重庆作为国民政府的陪都及政治、军事、文化中心，成为日军实施“以炸迫降”战略企图最主要的空袭目标。1938 年至 1943 年，日军连续 5 年对重庆进行空袭，死伤同胞无法计算，重庆人民在抗战中承受了巨大牺牲。

盛琳告诉我们，就在我们到达的头一天，6 月 5 日，重庆举行了隆重的纪念活动，以拉防空警报和车船鸣笛悼念 70 多年前在日军大轰炸中死难的同胞，警示人们不要忘记这段历史，珍爱今天和平幸福的生活！

嘉陵江边的小院

2015年6月6日　重庆　雨

△史迪威将军

2015年6月6日下午，我们来到位于重庆渝中区嘉陵新路63号，这座依傍于嘉陵江边的小院，在细雨中空寂而宁静。被雨水洗刷的植物和路面洁净无尘，这里是史迪威将军博物馆。尽管快到闭馆时间，但博物馆的管理员还是热情地接待我们。

这座院子是史迪威将军1942年到1944年间的故居。约瑟夫·史迪威（1883—1946），1904年毕业于西点军校，参加过第一次世界大战，曾担任美国驻华大使。史迪威于1942年3月被派到中国，先后担任联合盟军中国战区参谋长、中缅印战区美军总司令、中国驻印军司令、分配美国援华物资负责人等职务。

沿着院中的小路往里走，博物馆的主体建筑是史迪威将军的宫邸。进门是警卫室；往前走左边是当时的作战会议室，墙上挂着军事地图，旁边是一部微型电影机、留声机以及各种军事资料；会议室隔壁是一个小型休息室及会客厅；右边是将军的办公室、卧室，里面还有当时最先进的收音机、电话等；大门的正前方是当时史迪威将军的餐厅。

宫邸负一楼是当时随行人员居住和存放军械的地方，如今变成几个展厅。这里关于史迪威将军的照片数量为世界之最，200多幅珍贵的历史照片按照时间顺序，展示了“史迪威与中国”“征战印缅”“飞虎空军”“驼峰飞行”“美军驻延安观察组”“友谊长存”等六大主题。展览展示了史迪威将军征战缅印、指挥对日作战和修建中印公路的事迹，也展示了美国飞虎队对中国抗战做出的重要贡献。可以说，史迪威将军的名字与中国抗日战争、与中国远征军连在一起。其中有一张照片令人感动。1942 年 5 月，中国远征军第一次入缅作战失败，一部分向印度撤退，史迪威将军本可以坐飞机撤离，但他选择与中美部队官兵们一起，并且始终走在部队前列，给官兵很大鼓舞，也赢得了很高的威望。

△史迪威办公室

△史迪威将军雕塑

史迪威将军还领导修建从印度利多经缅甸密支那、八莫接滇缅公路到昆明的中印公路。这条全长 1800 公里的公路穿越众多高山深谷，在气候环境恶劣，人工及机械极度匮乏，日军威胁的情况下，从 1942 年底动工到 1945 年 1 月竣工，被誉为“二战中最伟大的工程奇迹”。与此同时，在 1944 年底，中印输油管线也连通，打破了日军对中国陆路上的封锁，从物质上、精神上支援了中国抗战。1945 年 1 月 28 日，中国政府把体现史迪威精神的中印公路命名为“史迪威公路”。

如果说，我们在贵州晴隆亲眼目睹了史迪威公路二十四拐的壮观，博物馆的展览则让我们进一步了解史迪威将军及美国盟军对中国抗日战争做出的贡献，对此中国人民不会忘记！

见证·历史不忘却

3

第三章

在重走新远征的路上，我们看望拜访了 20 位抗战老兵和南洋华侨抗战老人。他们每个人都是 70 多年前中国远征军抗击日本侵略者历史的亲历者、见证者。那段经历深深地刻在他们脑海中，是最敏感的记忆信号，稍一触碰就会激活。他们渴望得到更多关注和关爱，得到应有的尊重和尊严。他们见证历史，历史没有忘却他们。我们用微薄之力，重拾零碎记忆。

罗光美：生死印章戒指

2015 年 4 月 14 日　泰国清迈　晴

罗光美：
1923 年出生，1944 年滇西反攻战前入伍，为中国远征军十一集团军二军九师战士。

我们自 2015 年 4 月 13 日进入泰国，经曼谷、清迈辗转来到泰国北部清道县一个有 3000 多华人居住的地方，当地人称为“大谷地”。

因为 2014 年 11 月帮助大谷地中国远征军老兵李春鲜的儿女找到失散 77 年的广西老家亲人，也就有了这次不远千里的相会。2015 年 4 月 13 日，当我们一行人到达大谷地时，李春鲜的女儿李宏瑛女士就像见到久别的亲人那般高兴，到达当晚为我们接风，今天一早又准备了丰盛菜肴，邀请当地青年社社长、远征军老兵及一帮华人好友 40 多人欢迎我们。

在这里，我们见到了当地为数不多的中国远征军抗战老兵罗光美老人。罗老是我们新远征行程见到的第一个抗战老兵。见到他，我们感到很亲切。老人家身穿一件笔挺的短袖上衣，身板直直的，很有军人气质。我和队友关小维拉着他的手请他坐下。“罗老，您今年高寿？”“我今年 90 岁了。”“听您的口音像北方人？”“对，我老家是陕西的。”他从十几岁离开家乡就再没回去过，恐怕也回不去了。他时常想念家乡的荞麦面和山药蛋，还有好听的秦腔。浓浓的乡愁和乡恋从罗老的眼角流出。我们和罗老的谈话就从这拉拉家常开始。当我问到他是哪一年入伍，是哪个部队的，他的回答让我激动起来。罗老是 1944 年滇西反攻战之前入伍，被分配到中国远征军第十一集团军二军九师。这与我父亲段国杰是同一个军的，在这里能遇见父亲一个军的战友，真是兴奋！罗老听说我父亲也是第十一集团军二军的，非常高兴地说："虽说他是长官我当年是兵，但我们也是战友啊！"我双手竖起大拇指表示赞同。

当我说到父亲段国杰在滇西反攻战中率领敢死团强渡怒江，并参加龙陵战役、松山战役时，罗老被勾起了对这段往事的回忆，他激动地说："我们九师也参加了松山战役，小日本的工事很坚固，暗堡很隐蔽，表面很难发现。往上攻的时候，我们在明处，他们在暗处，不知什么时候就突然遭到四面八方的火力袭击，眼看着前面的兄弟倒下，像割韭菜一样，很惨呀！"

罗老说的松山战役惨烈的情景，我不止一次听过。2013 年，我第一次上松山，听松山战场管理所讲解员介绍，听参加过松山战役的老兵回忆，当年他们为了争夺一个阵地，成排成连的官兵都死了，但就是打不掉敌人的火力。

△罗老回忆松山战役

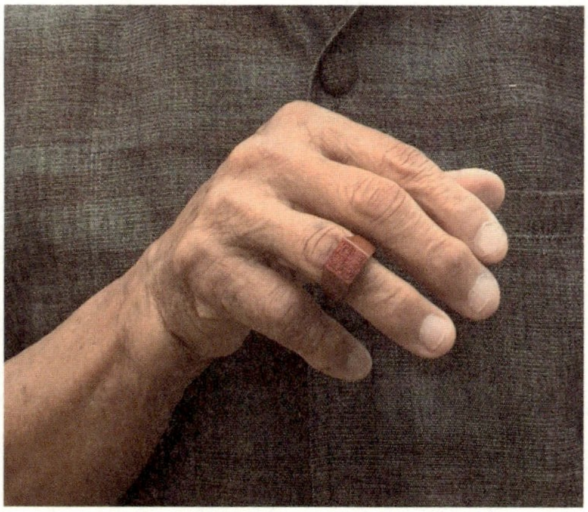

△罗老珍藏了 70 多年的生死印章戒指

罗老从一个黑色小布袋里拿出一枚戒指样的东西。我问罗老："这是戒指吗？"罗老说："是，可它不是一般的戒指。"说着，罗老递给我，让我仔细看看。这是一枚褚红色的石质戒指，一个宽宽的戒面上有几个字，已经有些模糊不清了。罗老说上面刻的是他的名字。当年在松山打仗的时候，每几天要在长官那里盖印章算是清点人数。有两个与他关系很好的云南兵，三人每次见面都要互相在衣服上盖印章，表示"我们还活着"。后来这两个兄弟离开了，盖印章的战友越来越少了。杨老说，这段几十年前的往事，只要一提起来心就涌起一阵撕裂般的痛。

记得另一位也参加过松山战役的老兵回忆："我们那个师打完仗以后整编，师长一看全师还剩下不到两个连，带头放声大哭。"

罗老把那枚戒指戴在右手的无名指上，不停地抚摸。他说："它是我最珍贵的东西，藏了几十年，每过一年都要盖一个章，既是为自己也是为牺牲的战友。"我告诉罗老，松山战场遗址已经建成一座中国远征军雕塑群。我想，在那几百个士兵雕像中，也许就有罗老的战友，他们永远屹立在松山之巅，守护这片英雄的土地，他们的英灵将与日月同辉。

邹如松：百岁抗战老兵

2015 年 4 月 17 日　缅甸东枝　晴

邹如松：
1915 年正月出生，云南省腾冲綺罗村人。初中毕业后，参加中国国民党三民主义讲习班学军事并接受特工技能训练。1934 年毕业从军。1935 年委任为国防特工第一组组长。

2015 年 4 月 17 日下午 3 点，我们刚抵达缅甸东枝，本想稍作休息，但小罗就通知我们要赶去看望抗战老兵。见大家个个一脸倦容疲惫不堪，他有意提高了嗓门：我们要看望的可是一位百岁远征军老前辈哦！这话仿佛注入了一剂强心剂，大家马上兴奋起来，脸上洋溢起笑容，兴高采烈地跟着他出发了。

在一个宽敞的院子里，我们见到坐在轮椅里闭目养神、晒着太阳的邹如松老人和他的儿子。小罗向邹老介绍说我们是从中国来，刚到东枝就专门来看望他。邹老显得非常激动，一边戴上助听器，一边示意起身欢迎。我们连忙上前搀扶，围坐在老人身边。邹老很和气地询问我们的情况，当听说我和战友关小维都是远征军后裔，老人深情地说："我和你们的父辈都是战友，我们是一家人啊！"邹老很细心地叫儿子拿来一个本子，让我们留下姓名和联系电话，我很工整地写下：中国远征军十一集团军二军七十六师二二八团团长段国杰将军女儿傅晓方……邹老拿起本子看得很认真，他虽然依赖助听器与人交谈，但还不需要戴眼镜

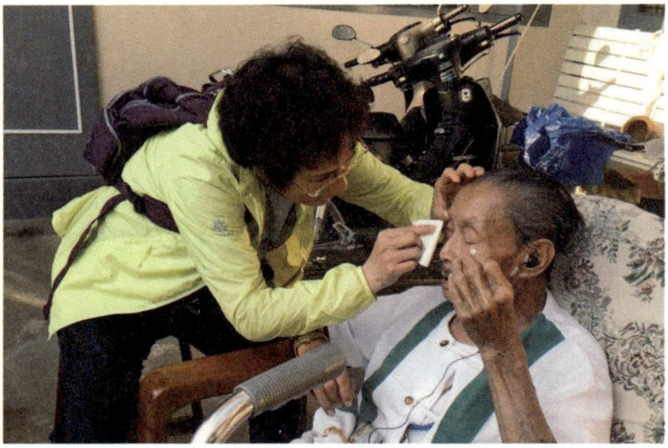
△为邹老擦眼

就可以看清一般的文字。他指着我的字赞扬道：“这字写得很漂亮噢！”谢过邹老，我又仔细地看看眼前这位百岁老人，他身材清瘦，衣着整洁，身上一件白色对襟上衣的胸前用两条墨绿色的布间隔开，显得颜色跳跃有生气，衣服干干净净没一点污渍。老人头发虽然已经稀疏，但梳得齐齐整整，看得出来年轻时受过有素的训练。

我们围坐在邹老的身边，听他把沉寂在他脑海里的那些往事娓娓道来。邹老当年是国军指挥机关重要情报官员。1915 年正月出生于云南省腾冲綺罗村。初中毕业后，参加中国国民党三民主义讲习班学军事并接受特工技能训练。1934 年毕业从军。1935 年委任为国防特工第一组组长，率 12 人小组前往英属缅甸，从事军事要塞、各种地形及边界地理要道、咕咕岛军事部署等情报收集工作，可以说是国军潜伏在缅甸的“余则成”（电视剧《潜伏》中的主角）。

1942 年春，邹老奉命前往昆明接杜聿明五军、甘丽初六军入缅，五军戴安澜部二〇〇师负责东南战区，六军负责西南战区。邹老主要配合戴师长与英军共同协防咕咕岛及仰光口军事防卫。1942 年 3 月奉命在同古进行阻击，阻止日军北上的步伐。邹老说，同古战役打得非常艰难，当时由于几乎弹尽粮绝，援兵迟迟未到，日军却不断增援，为保存实力，军部命令突围而退。在戴师长的指挥下成功突围，甚至连一个伤兵都没丢下，给日军留下一座孤城。在邹老的眼里，戴安澜师长是个非常了不起的军事指挥官。由于盟军配合不利，耽误了有利战机，中国远征军第一次入缅作战，一直处于不利战势，弹药补给跟不上及无军力后援，而于5月开始撤退，一部分西撤印度，大部分经野人山撤退回国。邹老说，在撤退回国中，他与戴师长所部罗二伦团长、杨励志营长带领伤员及华侨难民往腾冲方向撤退。在一次遭遇日军伏击突围中，他与戴师长失散。后来才听说戴师长受重伤无法医治而不幸殉国，那是1942年5月26日。邹老到现在还记得，当时得到戴师长殉国的噩耗，许多官兵号啕大哭，说到这些，邹老难掩一种悲痛之情，老眼泛起泪花。

后来，邹老他们终于撤退回国，但是此时腾冲已被日军占领，他们无法入城而向高黎贡山撤退，在马面关山谷遇到第二十集团军军长霍揆彰、腾冲县长张问德等。邹老向他们报告战况。因为邹老熟悉缅甸情况，上司就安排他随同第二十集团军下属预备二师师长顾葆裕部在中缅边境打游击战，半年时间中，他多次参与伏击腾冲日军城防司令之战，最后终于在一次埋伏中将该敌成功击毙。说到这些已经过去了几十年的往事，老人仿佛还历历在目，流露出自豪和喜悦，我们也为老人鼓掌向他致敬!

这时邹老激动起来，提高了嗓门说：“当年我们拼命打日本，既不为蒋介石，也不为毛泽东，是为了中华民族，是为了不当亡国奴！”说到这里邹老慢慢从椅子上站起来，佝偻着身子，拄着拐杖，颤巍巍地带我们走到他的卧室里，在一个木柜前，撩起上衣从腰间拿出一串钥匙，虽然手颤抖得厉害，但邹老谢绝了我们的帮助，坚持自己打开锁，从里面拿出几本珍藏的照片册和资料让我们看。邹老热情邀请我们在他卧室的沙发坐下，然后在茶几上摊开相册为我们做讲解。“这是史迪威将军，他是美军中印缅战区的参谋长，他正在和陈纳德、孙立人将军谈军情战

△邹老向我们介绍老照片

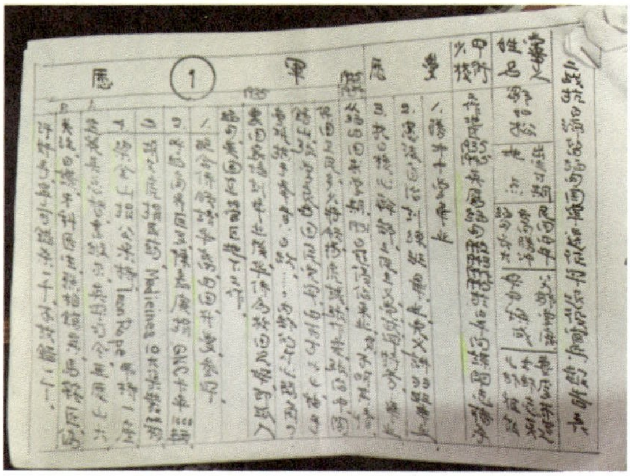
△邹老展示的资料

况呢！”“这是美军飞虎队，对我们帮助很大呀！”“这是陆军第二预备师师长顾葆裕、参谋长彭励将军……”他还一一介绍了腾冲县城被日军轰炸前后、抗战胜利、国殇纪念碑的照片以及俘获日军军官、击毙日军和缴获战利品的照片。听着邹老的介绍，我更加敬佩这位百岁老人有着如此超强的记忆力，这么久远的历史，他如数家珍般讲得清清楚楚。看得出邹老很怀念当年的长官，也为远征军的胜利骄傲！

邹老告诉我们，抗战胜利后，他没有回国，继续留在了缅甸，参与了政府道路和桥梁建设，20 世纪 80 年代才告老回家。

在一个多小时的拜访谈话中，我们面前的百岁老人没有一点疲劳的面容，相反一直兴奋地谈着，也让我们沉浸在激动之中。我和杜宁老师分别代表广州和贵州的晚辈向邹老赠送慰问金略表寸心，祝福老人继续保持健康延年益寿！邹老双手合十表示感谢，还十分高兴地告诉我们，这些年，不少官方、民间人士、团体前来慰问看望他。前任中国驻缅甸曼德勒领事馆唐英德领事访问东枝时，来探望他，还赠送了补品和 10 万缅币。深圳龙越基金会、宁波关爱老兵志愿队等也专程慰问，送来礼品和慰问金。台湾主管部门陈立安也曾来探访留缅国军老兵。说到这些，邹老动情地说：“真希望有一天海峡两岸能握起手来！”这话令人感动不已。

当我们向邹老告辞，他热情地一再挽留要请我们吃饭，说要尽主人的心意。这位百岁老人以他清晰的思维、流畅的谈吐、得体的礼仪、儒雅的风度征服了我和我的队友们，与他会面成为我们在缅甸东枝最难忘最有意义的一次经历。

刘大江：他没有等到那一天

2015 年 4 月 19 日　缅甸仰光　晴

刘大江：
1917 年出生，祖籍安徽阜阳地区太和县。1937 年从军，进入国军南京防空学校，学习高射炮专业技术。1944 年 4 月随部队进入缅甸密支那参加反攻作战。2015 年 6 月 24 日，病逝。

4 月的缅甸已经酷暑难耐，天天都是 40 摄氏度高温。2015 年 4 月 19 日早上吃过早餐，我们就去拜访仰光当地的两位远征军老兵。才上午 9 点多钟，空气就热烘烘的。穿过两条拥挤、嘈杂的内街，在文德路（音）37 条大街 154 号，小罗朝上指着一条又窄又陡、黑乎乎的楼梯说：“老人的家就在上面。”我们小心翼翼地手扶墙壁登上三楼，敲开了刘大江老人的家门。虽然事先未联系上，但当我们说明来意，刘老非常高兴，连忙招呼我们进门，还不停地说：“欢迎！欢迎！”刘老的声音中气很足，嗓音洪亮。他身材高挑，背不驼腰不弯，走路无须拄拐杖。银白色的头发不见凌乱，偏黝黑的皮肤带有光泽，看上去真不像一个高寿老人。

坐下后，我环顾了一下刘老的家，这是一套复式多居室住宅，屋内光线明亮，质地不错的红色木地板油光水亮，雕花扶手的楼梯通向楼上。屋内的家具、用品井然有序。墙上挂了不少纪念相框，其中缅甸中国商会“敬赠中国远征军抗战老兵”的礼盒特别显眼。我坐到老人身边与他交谈起来。“刘老，您今年高寿？”“哦，今年8月我就98岁了！”他说话的时候，嗓门很大，他的亲戚悄悄向我们解释，老人家耳背，所以说话声音大。我又问他：“您是哪里人，是什么时候参军的？”我的问话仿佛开启了老人尘封的记忆，他几乎是滔滔不绝地向我们讲起了他的往事。

刘老的祖籍是安徽省阜阳地区太和县，中学时离家外出读书。1937年8月上海沦陷，他亲眼目睹了日军飞机疯狂轰炸、我同胞惨死的情景，悲愤之下和几个同学参军进入国军南京防空学校，学习高射炮的专业技术。毕业后分配到高射炮连，成为一名高射炮兵。后来随同连队带着四门高射炮被派往西安执行保护机场的任务。刘老的部队多次调防，去过湖北、贵州、甘肃兰州、重庆等地。

1941年12月，太平洋战争爆发，日军侵略缅甸，试图切断滇西公路这条中国往国外最后的国际交通运输线。为了保卫滇缅公路，中国和英国建立中英军事联盟，组建中国远征军入缅作战。1942年3月至5月远征军第一次入缅作战失败后，分别向印度和国内撤退。撤退到印度的远征军经过重整旗鼓，于1942年8月又组建起来。

△刘老生动地讲述自己的故事

当年美国盟军支援了一批武器装备，中国驻印军司令罗卓英到国内招募一些有文化的青年，刘老就是这时参加了中国驻印军，驻扎在印度蓝姆珈。1944年4月，刘老随部队进入缅甸密支那参加反攻作战。密支那是缅北的战略要点，中国驻印军与美军组成中美联合突击队，从外围的勐拱等地分割包围消灭日军。5 月 17 日清晨，美军出动大批飞机对密支那进行了长时间轰炸，上午 10 点中美联合突击队向密支那以西约 1 公里的飞机场发动猛攻，4 小时的战斗完全肃清了机场上的敌人。这个胜利大大鼓舞了中国驻印军对日军正面进攻的士气。但是，夺取密支那城区的战斗却进行得十分艰苦，日军凭借坚固的工事顽固抵抗。

刘老回忆着那段非常艰难的战斗经历，那时正是缅北的雨季，道路泥泞，雨水和洪水使密支那低洼处变成一片汪洋，给进攻带来极大困难，甚至有的官兵不小心被洪水冲走。有时白天夺下的阵地，晚上又被日军发起的突袭夺回，从 7 月中旬，中美联队转入密支那街区巷战，逐巷逐屋搜索前进，占领了几条主要街道，把日军赶到一个最后阵地，然后派出“敢死队”从背后，主力部队从正面，两面夹击。于 1944 年 8 月彻底消灭了日军，取得密支那战役的胜利，也迎接了抗战的胜利。

当我问到刘老对那场来之不易的伟大胜利有何感想时，他好像又回到 70 年前胜利的喜悦之中，激动地提高嗓门挥起拳头说：“我们是保卫自己的国家，我们是正义的，所以我们才能取得胜利！战争也让我明白一个道理，落后就会挨打，强大才不会被欺负，今天的和平不容易啊，我们一定要珍惜！”刘老这番激昂的话语令人振奋和深思，我又问道：“抗战胜利后您回国了吗？”刘老这时嗓门更大了，很坚定地说：“我没回国，我留在了缅甸，因为那时国共打仗了。打日本人死了是为国家捐躯，自己人和自己人打，死了不值得！”这句话他反复说了很多遍，一边说一边摇着头。

刘老告诉我们，战后他留在了缅甸，在华文学校当老师，还娶了华人妻子，也辗转到过许多地方。20 世纪 60 年代中期，华文学校被解散，他就失业了。后来他买了间小店，妻子做裁缝，售卖服装，他给人做华文家教，生活过得普通但安宁。

不幸的是1993年妻子因患心脏病去世，刘老非常怀念与妻子共同度过的艰难日子，割舍不下那份感情，此后过着独居的生活。他说让他感到安慰的是中国驻缅甸大使馆给予他生活上许多帮助，每年新春佳节看望慰问他。华人社团每逢二月的“敬师节”都要邀请他参加座谈会并赠慰问金，说到这些刘老有些动容。

我问刘老离开家乡这么多年了，有没有回去过。他兴奋地告诉我们，1957年他曾回过安徽老家，当地政府对他很热情和尊重，使他难忘。“抗战胜利60周年的时候，我获得了胡锦涛主席发的纪念章。一转眼今年是抗战胜利70周年了，我真想去北京看看，想去参加纪念大会，还想去看看北京的两个老战友。抗战胜利时，我留在了缅甸，他们俩回北京老家，这一分别就70年。90年代，家人陪我回国旅游，去了北京、上海、西安，看到祖国发生巨大变化我很高兴，但没有联系到老战友也很遗憾，不知道他们还在不在。”说到这里老人有些哽咽。

我们向刘老赠送了慰问金，祝福他健康长寿，他除了致谢，说得最多的就是希望祖国更加强大。当我们邀请刘老一起合影，他忙说“对不起，请稍等！”他从卧室出来时，我注意到他在短裤外面扎了一块褐色的布，我明白了，这是缅甸男士普遍穿的一种裙子，名叫“布苏”，刘老为了表示礼节，照相时专门围上它。离开刘老的家，我和队友们一直在回味老人带给我们的感动，打心里衷心祝福他生命之路走得更远更远。

以上是我和队友们2015年4月20日在缅甸仰光刘老的家中看望他时写下的手记。然而，6月24日，队友周上丁在微信里转发了一篇文章，传来噩耗：刘大江老人于6月24日上午因病不幸于仰光去世。这消息令我和我的队友很震惊和悲痛！简直不愿意相信！两个月前，他讲起 70 多年前的经历滔滔不绝，还那么有激情，那么有感染力。我从回忆刘老的文章上，除了看到老人生前亲口给我们讲述的人生经历，一段回忆让我眼前一下又浮现出那个充满激情的刘大江老人。

2013 年，日本副首相麻生太郎在访问缅甸期间计划参拜位于仰光远郊的二战日军阵亡墓地。当时已经 95 岁高龄的刘老，不顾天气炎热路途遥远，和抗议的队伍赶到“拜鬼”现场，他大声疾呼：“我们抗议日本副首相到缅甸来纪念他们那些侵略士兵，他们不应该代表日本来纪念侵略战争中死亡的侵略兵士！”“我们抗议的就是他们不承认历史，他们侵略其他国家的历史,使得我们东南亚各国的很多人民遭受灾难！”刘老费尽周身的力气说出这番正义之言，说完之后就猛烈咳嗽不止，让在场的人心痛和动容。当年正值热血青年的他，不能容忍侵略者杀我同胞，毅然从军卫国赴汤蹈火；如今已是耄耋老人的他，不能容忍日本政府否定历史，拜鬼祭神，不顾年事已高亲临现场抗议。这就是刘大江！一个嫉恶如仇、爱憎分明的刘大江！

刘老走了，带着他再去北京看看，去会会生死与共战友的未了心愿走了，他没有等到那一天。我相信，当 2015 年 9 月 3 日，举国庆祝中国人民抗日战争暨世界反法西斯战争胜利 70 周年，庄严的礼炮在天安门广场上空响起的时候，刘老和他的战友们在遥远的天国一定会听到，他一定会激动得老泪纵横，在响彻云霄的欢呼声中，我们一定能听到抗战老兵刘大江那洪钟般的声音！写到这，我已热泪盈眶。

刘老，天堂安息吧！

童铭惠：昔时军医，今日牧师

2015 年 4 月 19 日 缅甸仰光 晴

童铭惠：
生于 1924 年， 祖籍是湖南湘乡县。抗日时期作为军医参加中国远征军，随部队参加滇西反攻战。战争结束后继续从医，后转为基督教传道人。现移居美国。

在仰光，除了看望了刘大江老人，我们还打算拜访的另一位抗战老兵叫童铭惠。离开刘大江老人的家，我们驱车 20 多分钟，按照地址找到缅甸基督教传道人训练学院，童老是这里的创办人。

时间已近中午，被火一般的烈日烘烤的城市卷起阵阵热浪，令人口干舌燥也备觉疲乏。学院的铁栅栏大门紧挨马路，我们一下车就看到一栋七八层高的楼房。左侧蓝色外墙上，用中英缅三国文字标注着学院的名称。右侧米白色主体是带着走廊的教室。缅甸华人队友罗国振向门口传达室的先生讲明来意，他带我们走进校园。

一位姓张的华人女牧师前来接待我们。听说我们来自中国，到仰光专程拜访童铭惠老人。她抱歉地告诉我们："非常不巧，童老前一天刚刚离开仰光去摸谷（音）为全缅华人青少年营举办讲座，过几日才能回来。"这个消息让我们很失望。张牧师非常善解人意，温和地说："童老是我们的老院长，你们是他远道而来的贵客，我一定要照顾好！"张牧师温文尔雅的笑容和亲切的话语，给了我们不少宽慰。

△童老创办的缅甸基督教传道人训练学院

张牧师热情地带我们参观学校。来到二楼的一间教室，她指指教室前面的讲台说，童老在这里亲自为听道人讲课，每当他在这里布道都是座无虚席，有时还有人站着听呢，大家很崇拜他！我们从教室后面往前走，看到每排座位都放有一本红色封皮的“真道手册”。翻开扉页上面写着真道手册的目的是“使兄弟姐妹有作战的兵器，把万古不变的真理向普世宣告，传播基督耶稣的真道”。

张牧师带我们走上五楼，在走廊尽头，打开一间房门，她介绍这是童老的办公室兼休息室。我们走进房间看到的是一个小套间，四五个人站在这里显得有些拥挤，房间里有一张普通的办公桌，桌后靠墙有一张高柜，柜子上立着的一幅带相框的照片映入眼帘。照片里一位老人一头银白色的头发，黝黑皮肤透着光泽和红润，慈眉善目流露着温和的笑颜，微笑咧开的嘴露出齐整的牙齿。不用介绍，这是童铭惠老人。照片上写着：向抗战老兵致敬！落款是深圳龙越基金会。这是全国著名的关爱抗战老兵的组织。在东枝邹如松老人和仰光刘大江老人家里，我们都看到了他们关爱抗战老兵的足迹。

也许在童老的办公室，张牧师有些触景生情，对童老的崇敬之意溢于言表。她把她所了解童老的情况向我们娓娓道来。她说童老是他们学院的创始人，祖籍是湖南湘乡县。童老对自己从军医转向做牧师的心路历程，从不对大家隐瞒。他在抗日战争时期加入了中国远征军，是一名军医，随部队参加了滇西反攻战，负责战场救治。那时许多仗打得很惨，伤员很多，童老抢救过许多生命，但也有的抬下来还来不及抢救就死在童老面前，他还听说有的伤员根本无法抬下阵地，被战友眼睁睁看着流血死掉。战争结束后，童老仍然从事医生职业，在缅甸开了自己的诊所。那时他的想法是没有战争了，人们过上了和平日子，决心要好好拯救人的生命。20 世纪 60 年代初，童老因为一个病人的去世受到很大刺激。那是一位 70 多岁的茶农，因意外砍伤了腕动脉，血流不止，伤情危急。当地医疗条件落后没有医院，只有求医到童老诊所。童老用他战场救治的经验，使用仅有的一些简陋外科设备抢救伤者，使之转危为安，十多天后刀伤痊愈。后来老人多次重病都是童老救治好的。但有一次老人再次病重时，童老出诊在外，待他返回，这位老人已去世，他儿子对着童老号啕大哭，深深刺痛了童老的心。那时童老已受到基督教影响。他想，以前很敬重医生的职业，以为良医救人很满足，但现在眼看着自己医治了 5 次的老人这样死去，没有向他传福音，却拿着他的钱。拿人钱却不能把福音传给他，如果做传道，把福音传给人，让人因信耶稣得到永生，将来去天堂，才是高贵的事！于是，他下决心转行。

△虽然不能见到童老，但见相如见人

童老40岁离开医生职业开始传道生涯。他说，从战场上开始，拯救了许多人的生命，从现在起要拯救人们的灵魂。基督的真道告诉人们要远离邪恶，战争是最大的邪恶，许多人葬身其下。他要用自己的亲身经历去帮助人们认识和洗刷这种邪恶。他创办了学校进行传道培训，逐渐成为缅甸很有影响的牧师和传道人，学校由一所发展为多所。

张牧师介绍，童老家人已移居到美国洛杉矶，但每年仍要多次来缅甸传道。现在童老虽已是92岁的老人，但是仍然不辞辛劳四处传道。这次童老去为青少年传道要坐2小时飞机，再坐6小时汽车才能到达。

虽然没有见到童老，但是张牧师做的这番介绍，让大家对老人家多少有了些了解，也为他的精神感动。

仰光的气温达到40多摄氏度，连续长途奔波的疲惫加上高温酷暑并没有阻挡我们新远征的步伐，想想这些可敬的远征军老兵，我们将继续前进，前进！

翁裕邦：痴呆老人的呐喊——我是中国人

2015 年 4 月 20 日　缅甸东吁　晴

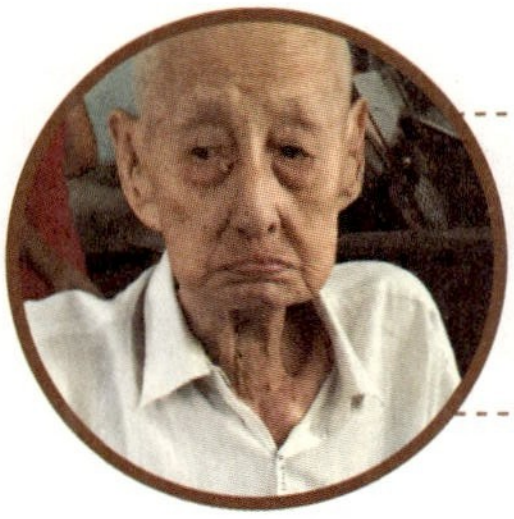

翁裕邦：
1918 年出生，福建厦门人。因老年痴呆，其他从军信息不详。

听 80 后的华人青年小杨告诉我们东吁这里有一位抗战老兵叫翁裕邦，是这里唯一健在的老兵。我们吃过饭顾不上休息就请小杨带路前去拜访。

翁老的家是在临街的平房，进门一间 50 多平方米客厅用来接待客人。看见来客人了，两个儿子忙去请父亲，老人已不能自己行走，靠儿子搀扶拖着蹒跚的步子，慢慢从里屋走出来。

老人家身材高而清瘦，面色有些苍白，眼神无华，表情呆滞。他儿子向我们介绍说父亲 97 岁了，患有老年痴呆症、健忘、耳聋，与人无法正常交流。杜宁老师请翁老坐下为他画像，老人坐在那儿像个孩子，没牙的嘴咕叽咕叽好像吃东西一样。趁着画像的空隙，我们浏览墙上照片，从一张张泛黄的老照片可以感觉到翁老祖辈的家境还是殷实富足的。我想，在当年国家民族危亡关头，他的家人能支持他参军报国，舍弃优裕的生活，这是一种多么宝贵的家国情怀！正是有千千万万这样的家庭，国难当头送子从军，我中华民族才不亡啊！

翁老的家人还把他们珍藏的国内和缅甸给翁老的慰问信件拿给我们看，其中解放军国际关系学院学生寄来的新年贺卡写道：您和您的战友是英雄的集体，更是中华民族的脊梁，我们会永远记住您和您的战友们！这是一群年轻中国军人向老一辈中国军人致敬！如果翁老能理解该会有多高兴啊！

我和战友关小维坐到老人身边想试着跟翁老说话，小维在他耳边问："老人家您是哪里人啊？"翁老开始眼神有些茫然，好像不知在问什么，但过了会儿，突然说："我是福建厦门人，我会说普通话，我什么话都会说！"翁老开口说话了！这叫我们真惊喜！我接着又问："您打过仗吗，打过日本人吗？"我见他听不明白干脆说："抗日！"对这句话他反应很快，老眼闪起光彩："我抗日，我抗日过！"

△记忆力衰退的翁老念着纸上的字

也许很久没有人与他谈起这个话题，我们的提问仿佛触碰了他记忆的雷达，以至拼命搜寻已经模糊甚至消失的目标。他还说："我会用步枪、轻机枪还有会用重机枪！"尽管他说得含含糊糊的，但我们听懂了并为此激动！杜宁老师接着问："您是什么部队，长官是谁？"翁老没听懂，他儿子用缅语在耳边告诉他，但没想到翁老突然发火大声说："我是中国人，和我说中国话！我不是老缅！”这番话感动得我热泪盈眶。杜老师又在纸上写下：“长官是谁？部队名称？”拿给翁老看，老人用手指着一字一字读出来，而且反反复复读了好几遍，看得出他的记忆雷达又在转动，可惜，最终还是没能找到目标……

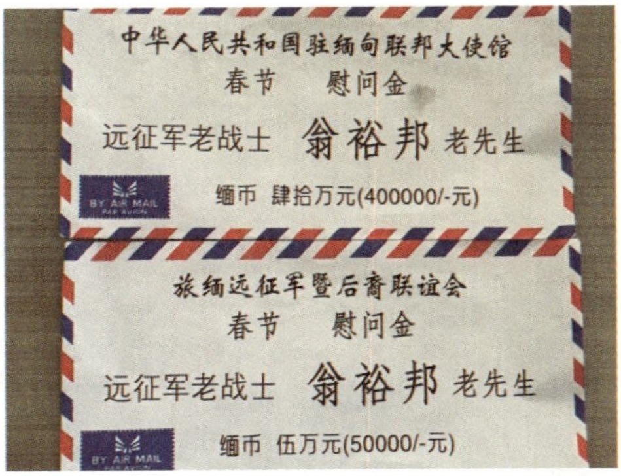

△翁老收到的春节慰问金

尽管这样，翁老的儿子对父亲的表现深感欣慰，他们说曾经多个社团来看望父亲，他只知道哭，什么也说不出。临行前，杜老师和我分别向翁老赠送慰问金，没想到他能认出人民币的面额，指着说，这是一百，真是给大家又一个惊喜！

△纪念勋章

离开翁老家，我一直沉浸在一种深深的感动之中，至今每每想起仍然感到震撼和振奋。“我是中国人！”这是从老人心底喊出的最强音，是储存在脑海里最神圣的记忆符号！当年壮志青年不怕流血牺牲赴汤蹈火报效国家，而今耄耋老人风烛残年，流落异国数十载，绿叶对根的情怀永不改！

林峰：乡音不改的广东梅州老兵

2015 年 4 月 22 日 缅甸曼德勒 晴

林峰：
1924 年在加尔各答出生，祖籍广东梅州。1942 年参军，进入了中央无线电军事通讯学校。毕业后又经过 3 个月的步兵训练，被分配到远征军第十一集团军总司令部参谋处任上尉书记。

2015 年 4 月 22 日下午 3 点多，我们到达缅甸北部曼德勒，饭后拜访了当地两位抗战老兵。首先去看望的是一位名叫林峰的 93 岁老人。我们开车进入一个社区，缅甸华人队友罗国振走在前面向人打听，来到一家大门敞开的人家，这里就是林老的家。老人的家人很热情地请我们进屋，并带我们走进老人的房间。

林老在里面靠墙的床上休息，当听到儿子告诉他“中国来客人了”，老人连忙起身，招呼说：“请坐！请坐！”我们眼前的老人家慈眉善目，皮肤白皙，左边下巴还有一颗痣，看得出年轻时的帅气。林老的儿子扶他在沙发上坐下，他笑盈盈地一一问我们是中国哪个城市的。当听说我从广州来，他忙说：“广州啊，我去过。”我听出他的广东口音，问他是不是广东梅州人，这句话让他感到特别亲切，高兴地连连说：“是啊！是啊！我是梅究（州，客家音）人！”我又问：“您是什么时候离开家去参军的？”我们的话题就从这里真正开始。

林老说他的祖辈很早就背井离乡到印度落脚营生，他在加尔各答出生。母亲是位传统的中国妇女，她认为中国人不论在哪里都要说中国话，懂中文，所以他 6 岁时，母亲带他回到老家梅州读书。1942 年的春天，在他读到高中二年级时，香港、汕头、潮州相继沦陷。梅州县城到处贴抗日救国的标语，学校也进行抗日救国的教育。青年人中流传着“好铁要打钉，好汉要当兵”的口号。正处于血气方刚、风华正茂时期的他毅然参军，进入了中央无线电军事通讯学校。他的母亲和中国许多母亲一样深明大义，国家有难，匹夫有责，不但没有阻拦他，还叮嘱他好好为国效劳，打完仗就赶快回家。

参军后的日子是很苦的，离家后从广东辗转于湖南、广西、贵州、云南等地。开始在柳州训练时，营地根本没有营房，就是一片荒山野地，全靠自己搭建。而建房子的材料是要去山上砍的一种茅竹，每天要完成 30 斤茅竹的任务。那时粮食紧张吃不饱，砍竹子没力气，不小心还经常把手割破。有时移防到别处，坐运过马匹的火车，马的粪便臭气熏天，令人作呕。晚上无法入睡就爬到车厢顶去睡。在广西柳州又是住在马房，正值闹霍乱病，有同来的人染病死去。

△林老为自己的画像签名

几经辗转到了昆明才真正进入无线电学校受训，学校的教官都是美国军人，语言不通全靠翻译，他们要求很严，这样逼着学生很快掌握了知识。毕业后又经过 3 个月的步兵训练，被

△在林老的床前合影

分配到远征军第十一集团军总司令部参谋处任上尉书记。

林老是我遇到的第二个与父亲同一集团军的，我兴奋地告诉他，我的父亲是第十一集团军二军七十六师二二八团团长段国杰。他高兴地说：“好哇，我们都是宋希濂的部下！”林老告诉我，那时第十一集团军总司令部在云南大理七里桥，参谋处人员与宋希濂总司令、成刚参谋长离得很近。滇西反攻开始前，每天早操都是参谋长亲自率队，参谋人员每天要按时到参谋长室签到办公，不能无故缺席。反攻战开始后，参谋处所有文件都经他手，甚至盖有总司令印章的空白公文纸也由他保管使用，这是作战时期适应快速办理公文的需要。所以他的责任重大，一点不敢懈怠。

我向林老谈到父亲段国杰当年率部冒死强渡怒江，为大部队开路这段往事，看得出勾起了他的回忆。老人双眼涌起泪水，带着哭腔说：“渡怒江不容易啊！江水很急，漩涡很多，我们靠橡皮艇和竹木筏，还是晚上偷渡，人多给养跟不上，很多官兵还饿肚子。日军在岸上有隐蔽的工事，如果被他们发现，打我们很容易啊。死了不少弟兄！”听说我父亲也参加过松山战役，林老说：“日军在松山有很坚固的防御工事，加上居高临下，地形有很大优势。尽管我们的官兵不怕死，还有盟军飞机助阵，发起一次次冲锋，但是顶不住日军的猛烈炮火，伤亡惨重，松山的土地都被打红了，很惨啊！”说到这儿，林老难过得低下头，我轻轻抚摸他的背安慰他。

林老还谈到松山收复后，他和参谋处人员跟随成刚参谋长上山视察，亲眼见到满山坡除了黄土，看不到一草一木。无数的堡垒、壕沟四通八达，防御工事非常坚固，他又一次感叹地说：“我们能够攻下松山实在是不容易啊！”

当我问到抗战胜利后的情况，林老说：“日本投降了，我对国家可以说尽了一点责任，我的愿望也实现了，应该回家去孝敬母亲过太平日子。”

他回到缅甸开始了自己的经商生涯，办了茶厂、洗车厂，从此安稳度日。我好奇地问林老：“这些年有没有回国回老家看看？”听我这话，林老异常兴奋地说：“回去过好几次！”说着让儿子拿出一本纪念册给我们看，上面有 2005 年他受邀参加“中国远征军回国寻亲团”活动的照片。那次他回到阔别了 62 年的广东梅县老家，故乡亲人对他的欢迎真诚而热烈，让他感到一种割不断的浓浓乡情。他还去了广州等地，不论到哪儿，当地领导都出来接见陪同，热情款待。另外，一路上他看到国家变化很大非常高兴。林老的话语和眼神都流露着对十年前的回国之行的深深留恋。他还指着墙上一幅他的照片，特别提到这是孙春龙为他照的。几年前我就听说过孙春龙的大名，他是很早发起关爱抗战老兵行动

△林老家中墙上挂着的照片

的创始人，也是深圳龙越基金会负责人。林老赞扬他为抗战老兵做了很多事，那次回国寻亲就是他组织的。在缅甸一路都可看到龙越基金会的足迹，不禁对孙春龙和他的团队充满敬佩！

杜宁老师把画好的画像交给林老签名，他拿起笔非常工整地写下“林峰”二字，看到他苍劲有力的字迹，我突然感叹：真不愧是当年第十一集团军参谋处精英啊！当我们为林老送上慰问金，祝福他安康长寿时，老人眼睛红了，在一旁的队友，80后的女孩翟婉楠也情不自禁流泪。

这令人动容的情景使我们不敢久留，赶紧起身告辞，林老客气地道谢并一再嘱咐儿子送我们上车。我回头看着站在家门口挥手目送我们的老人，想到不知还能不能再见面，鼻子一阵酸，泪珠滑落下来。

罗春香：缅甸唯一健在的抗战女兵

2015 年 4 月 22 日　缅甸曼德勒　晴

罗春香：
1926 年出生，缅甸华侨。1942 年进入大理中央军事委员会滇西战时干部训练团学习。毕业后分配到远征军第十一集团军七十一军军部，为机要参谋。

离开林峰老人的家，我们接着去看望一位名叫罗春香的远征军女兵，这是我们拜访的唯一女性，听说也是缅甸境内唯一健在的抗战女兵。

几经打听，我们找到了一个卖摩托车零配件的临街店铺，罗老的家就在里面。一位操着云南口音的中年女性迎出门，向我们询问，她听说找罗春香老人，马上有些婉拒地告诉说：“我婆婆身体不好，刚出院回家，正在休息呢！”听这话，是老人的儿媳妇。“罗老病了，我们更应该去看望慰问一下。”队友们小声嘀咕着，不愿意离开。队友小罗用云南话跟老人的儿媳妇说明我们是专程从中国来看望罗老的。“哦，这样啊！请你们等等！”她马上转身进屋去了。过了没多久，她出来满脸笑容地对我们说：“我婆婆请你们进去”。

罗老住在二楼，按照习俗，我们主动脱了鞋上楼。这是一层自建的阁楼，空间有些狭小。在挂着纱布蚊帐的床上，罗老已坐起来迎接我们。我们连忙上前问候。老人圆圆的脸上长着一对大眼睛、一张厚厚的嘴唇和一个圆圆的鼻子。虽然面容还带着病未痊愈的憔悴，但笑起来眼睛像月牙一样弯弯的。考虑到老人的身体状况，杜宁老师抓紧时间为她画像，我坐在床边与罗老攀谈，把她的记忆又拉回到那个不堪回首的年代。

罗老是缅甸土生土长的华侨，家住仰光。1941 年 12 月 7 日（北京时间），日本海军偷袭了美国太平洋舰队，制造了震惊世界的珍珠港事件，导致太平洋战争爆发。很快日军的铁蹄就踏上了缅甸的土地。那时罗老还是中学生，和平的生活一下被一颗颗从空中投下的炸弹炸得粉碎。“日本人丢炸弹炸死好多人，装尸体的车子一辆辆地过，我都不敢看哪！”这悲惨的情景至今在脑海挥之不去。罗老说，那时掌管缅甸的英国人让仰光的居民往外疏散，她于是跟着家人开始逃难。仰光火车站、铁路线全被炸毁，只能靠徒步向外走，就这样走了两个多月，到了中国云南保山，这时遇上中国军队招兵，许多男人当兵了。招兵的一位长官是广东人，罗老觉得老乡亲切，也就跟着到了部队。她进入大理中央军事委员会滇西战时干部训练团学习，成为第一批学员，学习课程用的都是黄埔军校的教材。

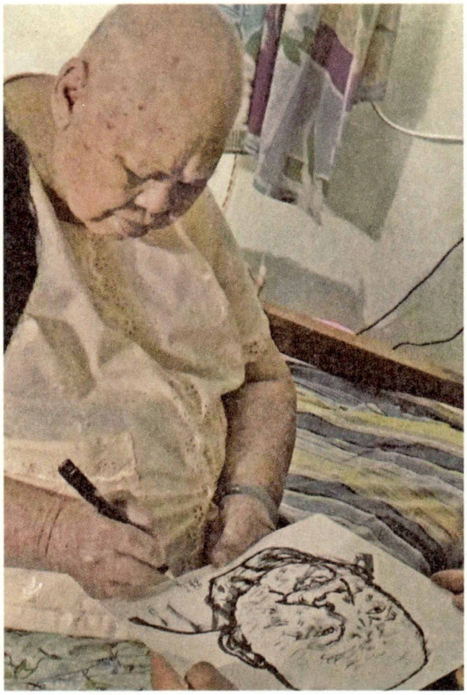
△罗老为自己的画像签名

刚到训练团，什么是军规，什么是服从命令听从指挥，她一概不懂。对于只有 17 岁的女孩来说，那种高度紧张、纪律严格的军队生活就像炼狱一般。当时女生队和男生队一样每天要出操训练，不知流了多少汗水和眼泪。虽然训练强度大，生活很苦，但每顿有一菜一汤已算是很好的伙食。军队里四两肉要做成几百人的菜，所以菜里根本见不到肉的影子。即使在这么艰苦的条件下，没有人开小差，大家想得最多的是学好本领上战场，把日本兵赶出中国、赶出家乡！

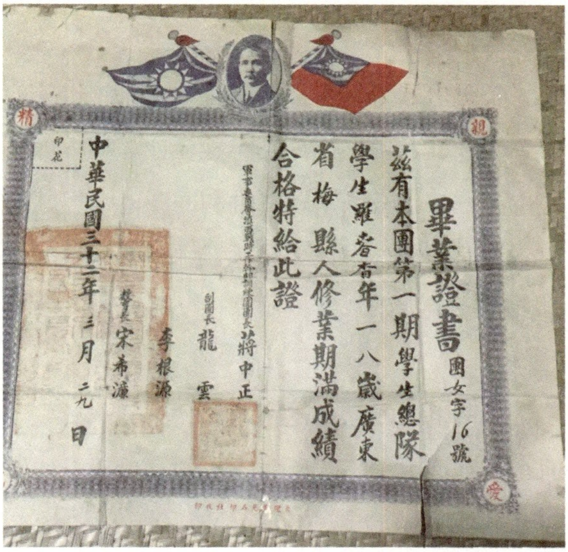
畢業證書 團女字16號
茲有本團第一期學生總隊
學生羅春香年一八歲廣東
省梅縣人修業期滿成績
合格特給此證
團長蔣中正
副團長龍雲
李根源
教育長宋希濂
中華民國三十二年三月二九日

△罗老的毕业证书

罗老还记得当时的一首非常鼓舞斗志的军歌：怒潮澎湃，党旗飞舞，这是革命的黄埔……纪律莫放松，预备作奋斗的先锋……

这就是黄埔军校的校歌。一年后，她终于毕业了！罗老让她的儿媳拿来一个塑料袋，从里面拿出一个纸包，打开纸包，原来是一张已经泛黄的陈旧的毕业证书，是干部训练团的毕业证，清楚地写着“罗春香”三个字。上面还有团长蒋中正，副团长龙云、李根源，教育长宋希濂的印章，时间是中华民国三十二年（1943年）三月二十九日。看着这份穿越了70多年历史已成为文物的毕业证，不能不对它的主人深怀敬意。

毕业后罗老和一些同学分配到第十一集团军七十一军军部，男兵被派去作战部队，她说有些分别之后就再也没见到了。当我问罗老参加过什么战役，她说女兵们都在军部做内勤，就是抄写公文和作战命令。那时交通不发达，电话也很少，长官的命令全靠她们抄写，相互之间不允许交流，必须严格保密，抄写好由传令兵送出。

实际上，罗老当年就是首脑机关的机要参谋，不知有多少重大战役命令经过她的手！也许当年她在抄写指挥部发出的反攻战役的命令时，心中波澜起伏充满了期待胜利的激动，但她却只字不能说，今天她可以说了，而她却说得这么淡然！她是不拿枪的战士，也没有亲临战场，但是谁能说她和她的战友们与那一场场胜利的反攻战无关呢？她们同样是功臣！

我问到抗战胜利以后的情况。罗老说，完成了抗日的心愿，可以回缅甸结婚生子了，她与一位同在远征军的广东客家老乡结了婚，那年20岁。后来夫妻俩在曼德勒开了一家“香港照相馆”，许多华侨学生毕业照片都在那里拍摄，远近有些名气，生活也过得安稳。可惜20世纪80年代，受邻家商铺火灾殃及，罗老的照相馆和有价值的老照片全部化为灰烬。

20世纪60年代，由于当时缅甸国内局势不稳定，罗老的家庭与许多缅甸的远征军老兵家庭一样受到歧视和压制，更不敢暴露自己曾经的军人身份。直到近几年，罗老通过同住在曼德勒的远征军老兵林峰等人的社会关系，才重新确认和公开了身份。她参加远征军的这段历史，也受到人们的关注和尊重。她笑着对我们说：“你看，你们这么远来看我，让我感到很光荣！”罗老还说，她特别恨日本人，因为他们对中国人犯下太多罪恶。如果儿孙去日本旅游，她坚决反对！

杜宁老师为罗老画好像，她端详着笑笑说：“人老了，就不好看了！”说完眼睛又笑得月牙弯似的。我们送上慰问金，祝福她身体早日康复，健康长寿。罗老连声道谢说：“这个我一定收下，是你们的心意，很宝贵啊！”是啊，我们不远数千里来到这儿，向中国远征军的女战士献上我们的敬意，的确是令人激动的事啊！

刘召回：他与死神擦肩而过

2015 年 4 月 24 日　缅甸腊戌　晴

刘召回：
1918 年出生，四川岳池裕民镇陶家沟村人，1941 年参加国民党中央军，后分配到中国远征军五军二〇〇师。参加了第一次入缅作战，是野人山大撤退的幸存者，回国后参加腾冲战役。

4 月 24 日，我们几经周折，终于探望了远征军老兵刘召回老人。

在腊戌这里，我们知道有两位老兵，但是当我们向几位当地华人打听时，只有其中一位叫刘召回的 97 岁老人大家有些印象，只是都说不清具体住址。后来，一位热情的中年妇女干脆带着我们一家家去打听，问了几户人家终于找到了刘老家的小院。

一进院子就见一位身着棕色上衣的老人正双脚泡在水盆里纳凉。见到来客人了，他赶紧擦脚穿鞋起身，我忙上前搀扶，感觉这位老人家还是蛮硬朗的。

老人问我："你们从哪儿来？"听口音刘老应该是四川人。我告诉他是从中国来的，刘老脸上笑开花似的连说："好哇！好哇！"杜宁老师用四川话问他："您是四川人吧？""是的，是的，我是四川岳池的！离邓小平的家乡广安不远！"老人挺兴奋地回答。杜宁请他坐下为他画像，刘老马上一本正经地两手放在膝盖上，腰板挺得直直的。院中一缕阳光照在刘老饱经沧桑的脸上，刻画出岁月年轮，他像一尊雕像坐在那

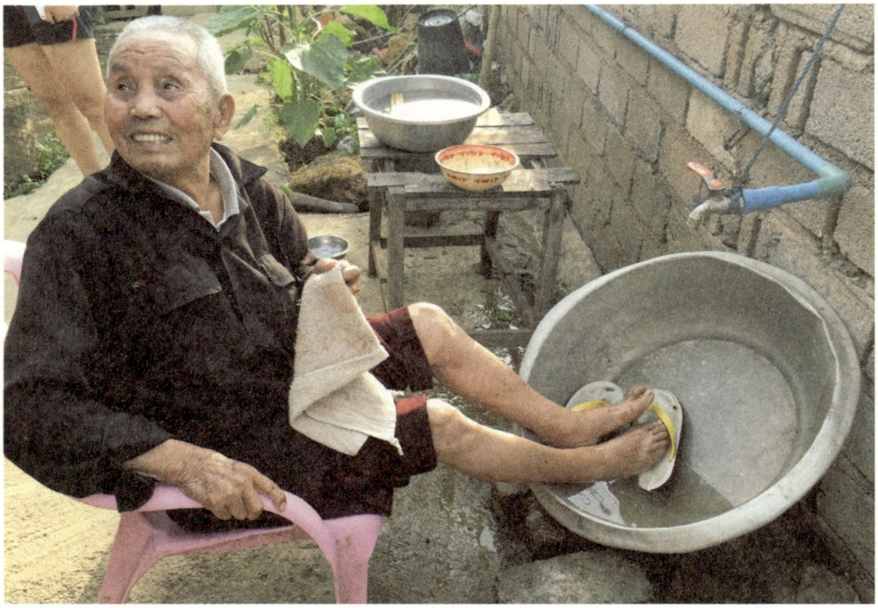

△正在泡脚纳凉的刘老

儿纹丝不动。

我搬了张小凳，坐在刘老身旁和他拉拉家常，想让他放松一些，但刘老一边谈话一边仍然端坐着，军人的雄姿已深深融进老人骨子里。

刘老说，他的家乡是四川岳池裕民镇陶家沟村，1941 年他刚刚 18 岁就参加了国军中央军。“我是主动到队伍的，不是被抓丁的。”他特别强调这个细节。1941 年日军加快了侵华步伐，远在西南敌后的岳池县也感受到了战争硝烟。当时有一首歌在他们家乡流传：“1937 年上海来抗战，日本兵舰把守山海关。失了华北省，山西失一半，没过三天失了太原，好铁要打钉，好男生当兵，保家乡，为国家……”正是受这首歌的影响，刘老和同村的三个伙伴一起报名从军。他还记得当时四个人穿着军装戴着红花在村里转了一圈，大人小孩围了很多，好热闹！但是，没想到只有他一个人看到了抗战的胜利。

1942年春，中国远征军十万热血青年唱着《满江红》跨出国门踏上异国他乡抗日的战场。他们在兵力和武器装备不敌日军、盟军配合不力的情况下，英勇抗敌浴血奋战。同古战役和仁安羌战役惨烈而传奇的胜利，有力地打击了日军侵略者的气焰，也让西方世界为之震撼，扬中国军队之威风！但局部战斗的胜利并无法改变整个战场的不利局面，在入缅作战两个月以后，军部决定战略性撤退，一部分退向印度，大部分撤退回国。

刘老是中国远征军五军二〇〇师戴安澜师长部下，在他的记忆中永远忘不了1942年春季撤退回国途经野人山的悲惨岁月。进山之前，很多人天真地想，撤进山里日本兵就没办法了，但是进山后，才知道这是个吃人的山！除了有猛兽，五六月正是雨季，丛林里到处是蚂蟥，人体一接触到树叶就会沾上蚂蟥,有些个头很大的蚂蟥,一次能吸人一斤血！刘老说，每天都能从身上抓到一把蚂蟥，两腿都麻木了。野人山还有从来没见过的大得吓人的蚊子和蚂蚁，蚊子张开翅膀简直像蜻蜓似的。有时走到低洼处，成千上万只蚊子如同一片乌云般飞过来，大家只能抱着头四处躲避。

一个月后，部队开始断粮了，有官兵饿死。长官只得命令把驮物资的100多匹战马杀了，让大家饱餐一顿。战马吃光以后，就开始吃皮鞋，吃皮带，就连手枪套也成了食物。后来就只能靠树皮和草根来维持生命，但吃树皮草根却让许多战士身体浮肿，有人走着走着，“扑通”跌倒在地上，再也爬不起来了。还有人误吃了有毒植物，肚子痛得满地打滚，因为没有药品，大家只能眼睁睁地看着他被毒死。

野人山这片终日见不到阳光的原始森林，就像一个巨大的魔窟，让几万远征军官兵掉进去而有腿难逃。在这里地图不管用了，罗盘失灵了，

△与刘老在家门前合影

官兵经常是走了好几天又回到原点，完全迷失了回国的方向。就这样从春天走到了秋天。很多人倒在撤退回国的路上，再也回不了家。刘老回忆起和他一起撤退而没有一起走出野人山的战友，老泪横流，拖着哭腔说，真的很惨哪！

与那些葬身于野人山谷的冤魂相比，刘老幸运多了，他最终回到了祖国！

为配合中国驻印军对缅北日军的反攻，打通中断的滇缅公路抗战生命线，收复被日军占领的滇西失地，1944 年 5 月，在云南的远征军发起了滇西反攻击战，从十多个渡口强渡怒江，突破了日军在怒江西岸的防线，一部分向腾冲方向推进，另一部分向腊勐、平戛地区突击。刘老参加了攻打高黎贡山，光复腾冲的重要战役。刘老回忆：“攻打高黎贡山，最危险的是敌人山头碉堡居高扫射，我们根本攻不上去，好多人冲到半山就被打死了。”“后来美国飞虎队的飞机可是帮了大忙，帮我们空投弹药粮食，还把日军火力点一个个都炸哑了！”

1944年6月，刘老参加了艰苦而惨烈的腾冲战役。腾冲城是滇西最坚固的城池，又有来凤山作为天然屏障，互为依托。日军在占领腾冲两年多的时间里，在来凤山和城区筑有坚固工事和堡垒群，准备了充足的粮食，准备奉命死守至10月底等待援军到来。远征军决定先攻占来凤山，最后围歼腾冲守敌。回忆攻打来凤山的战斗，刘老说，滇西到处都是参天大树，狡猾的日军伪装后躲在树上，只要远征军走进就放冷枪，很多人不明不白地死掉了。

攻城的战斗更加惨烈。1944年8月14日，远征军以四个整师兵力从腾冲南城墙，突进市区。刘老说：“很多人在我身边死了，地上全是血水，踩起就溅到裤子上。”踩着战友们的鲜血，刘老所在的机枪连冲进了腾冲城门。就在这时，死神向他扑来，“一颗炸弹落在我旁边，翻起的土石把我埋了进去，只有头落在外面”。刘老还记得那一刻，后面的事全然不知了，后来听战友说，卫生兵发现他的时候，他已经奄奄一息，几经抢救，他活了过来。

1944年9月14日，腾冲战役取得胜利！在腾冲战役中，刘老和他的战友们，包括在这场战役中牺牲的9000多名官兵，用鲜血和生命换来了中国第一座县城的光复！

抗战结束后，刘老脱下军装，原打算弃甲返乡，但没有路费，就隐姓埋名在腾冲留了下来。后与一赵姓女子结婚生女，不幸妻子去世，只留下襁褓中的女儿与他相伴。为养活女儿，他在中缅边境过起颠沛流离的生活，帮别人砍柴、割谷子，干些力气活。最终他流落到缅甸腊戌，在腊戌的日子依旧困苦，多半时间给别人做苦工、卸货、摆摊，勉强维持生活，一去就是几十年。到现在为止，在缅甸抗战老兵中刘老还是属于“贫困户”，但我们并没听到他抱怨。

70多年前，日本军国主义发动的侵华战争给中华民族带来了深重灾难，这段历史牢牢刻在刘老的记忆石碑上。他说：“日本兵太坏呀！南京大屠杀杀了我们那么多中国人，在腾冲我见过一家八口人全被杀掉，惨啊！现在他们还不承认，气人哟！”

在拜访即将结束时，刘老看着画家为他画的像，拿着慰问金，除了感谢，说得最多的是：“我命大，打不死，活到现在，我老乡四个人出来就剩我一个人了！”这句话直击人心底，催人落泪，是啊！从野人山的死亡魔窟中死里逃生，从敌人炮火中浴火重生，他一次次与死神擦肩而过。作为苦难与战争的幸存者，他感觉自己已经很幸运了。即使现在生活依然困苦但不抱怨，知足常乐是他生命不断延续的支撑，衷心地祝福这条生命线能伸向更远更远的前方吧！

赵自颜：我命大

2015 年 4 月 24 日　缅甸腊戌　晴

赵自颜：
1926 年 12 月 27 日出生，祖籍云南省保山市施甸县河源乡大寨门村。1944 年参加中国远征军，隶属第二十集团军五十三军，参加过腾冲战役等大小战斗百余起。2015 年 8 月 24 日逝世。

赵自颜老人是在缅甸腊戌的另一位中国远征军的老兵，居住在腊戌双龙村。4 月 24 日下午，结束了在抗战老兵刘召回老人家的拜访，刘老专门吩咐他儿子为我们带路。

来到赵老家门口，他的女儿、女婿都热情地出来迎接我们。这是一套商住两用的房子，前面是商铺，后面是住宅。在宽敞的客厅，我们见到赵自颜老人。和刘召回老人相比，赵老虽然身材高大但明显身体状况不佳，面色发青，有些缺氧的样子。当他女儿向他介绍我们专程从中国来看望他，赵老病态的脸上露出笑容，微微点头欢迎我们。赵老的女儿说：“父亲心脏不好，做了几次手术。”我搀扶赵老坐下，队友们都坐在他身边，我紧挨赵老坐着，慢慢和他拉拉家常。赵老说话声音细弱，加上地方口音较重，听起来比较费劲。

赵老是云南保山人，他说抗战时期家乡附近的保山被日本飞机轰炸，死了不少乡亲，很痛恨这些强盗。1944 年滇西反攻战之前，中国远征军大量招兵，他就是那个时候参军的，部队是第二十集团军五十三军。

△身体状况不佳的赵老

他说自己身体不好记性差，已记不清自己是哪个团的，但记得自己的军长叫周福成。

在赵老的记忆中最难忘的要数腾冲战役。1944年5月11日，赵老所在的中国远征军第二十集团军五十三军和五十四军共5个师开始实施腾冲反攻战。当日黄昏后强渡怒江成功，第二天清晨开始仰攻高黎贡山。与日军五十六师团一四八联队主力一四六联队一部血战9天，日军溃退。经过两个月的浴血奋战，一路攻克日军在腾冲周围的工事据点，于8月中旬攻进腾冲城，展开激烈巷战。由于腾冲城内街巷稠密，房屋相连，日军利用民房家家设防，巷巷筑堡，每前进一步都付出惨烈代价，可以说尸横街巷，血满城垣。赵老说："打腾冲打得惨哪，死了很多官兵。我们是憋着一肚子气，个个杀红了眼！日本兵在腾冲杀了很多老百姓，妇女最可怜。"赵老说，有一次抓到两个残害一家老小的日本兵，那家人的小女孩才六七岁，他气愤地大喊："你们为什么要这样？！"然后开枪打死了他们。这些往事至今回忆起来还是让赵老感到痛恨和痛苦，身子有些颤抖，细弱的声音充满对刽子手的仇恨！

1944年9月14日，腾冲战役取得胜利，沦陷了两年零四个月的腾冲，重新回到腾冲人手中，中国远征军以巨大的牺牲换来了腾冲这个全中国第一个光复的县城。腾冲的老百姓牢牢铭记这段历史功绩，抗战胜利后，第一时间建造了国殇墓园，以最高礼仪安置在腾冲战役中牺牲的烈士英灵。

赵老告诉我们，抗战胜利后，他认为自己为国家出了力，特别是对参加了腾冲战役而感到骄傲，于是安心地解甲归田，过一过太平的日子。

我们向赵老送上画像与慰问金，衷心地祝福他。他边谢边说：“我命很好哇，打腾冲死了那么多人，我活下来了！”这话让我顿悟，这一路见到的一个个耄耋老人，经历了死亡、苦难之后还能如此长寿，信仰就是他们生命的支撑！

蔡振基：畹町桥连着他和祖国

2015 年 5 月 26 日　云南畹町　雨

蔡振基：
1925 年出生，祖籍是广东梅州，后入籍缅甸。1943 年毕业于中央军事委员会滇西战时干部训练团特科大队通讯机要专业。毕业后被分配到印度蓝姆伽，属中国驻印军五十师一五〇团中尉二等文书。

5 月 26 日，我们在畹町与一位来自缅甸九谷的抗战老兵蔡振基老人见面，这是我们滇黔渝国内行程见到的第一位老兵。来畹町之前，广东雕塑家李春华委托云南志愿者侬正义帮助我们联系当地的抗战老兵，但遗憾的是老人们近些年都已相继离世，后来联系到住在畹町桥附近缅甸境内的蔡老家人。25 日，我接到了蔡老女儿的来电，说父亲非常愿意与国内来的朋友见面，不论认识还是不认识的，都会让他特别高兴。我问候了老人的身体状况，约定第二天上午 10 点在畹町桥这头迎接他。

畹町镇的确袖珍，从我们住的国门客栈到畹町桥不过八九分钟路程，但为确保不误时，我和队友拉着勐拱集团的王繁华馆长，早早到桥头恭候。我和王馆长聊着天，眼睛始终注视着桥那头路上的行人。“来了，来了！”十点还差两分钟，王馆长指着缅甸方向缓缓走来的一位身着浅蓝色上衣的老人说，“那就是蔡老，后面是他的女儿！”老人并未由女儿搀扶，而是手拿一把直柄伞当作拐杖，独自走在前面，女儿反倒被甩在后面。也许是因为太难得的一次见面，边境值班领导对我们网开一面，

△在中缅国界处，与蔡老一起合影

允许走到畹町桥上去迎接蔡老。我们伸出双手，热情地向蔡老问好，老人家像见到久别的亲人，紧紧拉着我们的手，连连说着：“好！好！”王馆长做了一番介绍，我们与蔡老在桥中央和刻有“畹町桥”三字的石碑前照相留影，然后陪同他到勐拱集团贵宾会客厅，这是王馆长专门为我们的会面准备的。

落座后，我仔细打量眼前这位肤色红润的老人。他女儿告诉我，父亲今年90岁了，从他们家到畹町桥有两里路，平时都是父亲自己走过来。我不禁赞扬蔡老身体好，与他交谈中我更发现他耳聪脑清。蔡老祖籍是广东梅州，后入籍缅甸。1940年，日本侵华战争造成大批难民，陈嘉庚发动海外人士捐助，也号召热血青年参军抗日，当时不到15岁的他报大两岁想参军，到了昆明被审查发现没有批准，一位老乡长辈安慰他等长大些再来，并介绍他去昆明一家修理厂当小工。1943 年，他考入中央军事委员会滇西战时干部训练团特科大队，学习了 9 个月的通讯机要专业。毕业后被分配到印度蓝姆伽，属五十师一五〇团中尉二等文书，不久就与飞虎队配合作战。1944 年春，中国驻印军五十师一五〇团、三十师八十八团与美军加拉岭德突击队组成中美联合突击队，绕道崇山峻岭，挥向敌后的战略要地密支那。5 月中旬，中美联队隐蔽地接近了密支那外围，5 月 17 日，在美国空军空中轰炸的配合下，中美联队向密支那机场突然袭击，打得日军措手不及，几个小时后日军被全部消灭。当天下午，满载着武器、弹药给养和增援部队的运输机、滑翔机在密支那机场降落。第二天，史迪威将军带领 12 名战地记者飞抵密支那，随即“盟军奇袭占领密支那”的新闻迅速传开，给中国驻印军官兵很大鼓舞。但是后来向密支那城区进攻的战斗却打得十分艰难。由于情报有误，中美联合突击队占领密支那机场后，误以为日军守军只有 300 余人，指挥官梅里尔准将仅派出一五〇团两个营向日军进攻，让日军有了喘息机会，增援迅速由 3000 人增加到 5000 多人，驻印军空运援兵的飞机常被击中，伤亡惨重。一五〇团一度攻击的密支那火车站，也在日军反攻中失守。蔡老说，我们团两个营打日军 3000 多人，后来他们又派了很多兵，真是打得很苦啊，死了许多兄弟，来来回回打了两个多月。说到这里老人很伤心，眼睛和鼻头都红了。他主要负责译电，不是一线作战战士，所以老人一再向我们说他是不拿枪的兵，但是一个螺丝一个钉，少了谁都不行。

抗战胜利后，蔡老完成了自己的理想，后来不愿参加内战，就申请退伍，跟着一个老乡做起杂货生意。他谈到有文化和没文化差距很大，如果没文化，连生存都很困难。老人的家族至今还在延续做着当年他创业的行业——食品、副食品和餐饮业。蔡老很兴奋地告诉我，抗战胜利60周年时，他获得了胡锦涛主席颁发的奖章。这次为庆祝70周年，中国驻缅甸大使馆也让他填报申请，他等待着这个好消息，只要身体允许一定要去北京。

△在畹町桥头，与蔡老一起合影

与蔡老一番交谈后，勐拱企业董事长杨自文先生专门宴请蔡老和我们及深圳一行客人午餐。席间，杨董事长一再赞扬蔡老为民族做出的贡献，大家也举杯祝福他延年益寿。考虑到老人身体，饭后我们送老人回家，走到畹町桥边检大厅，一位中校军官很热情地招呼蔡老，并一直把蔡老送上桥，看得出来老人家是这里的常客。目送着蔡老远去的背影，我想，70多年前那个热血抗日的毛头小伙如今已是耄耋老人，畹町桥是维系着他与祖国的最好纽带，祖国的亲人随时欢迎他！

卢彩文：不老的青松

2015 年 5 月 29 日 云南腾冲 晴

卢彩文：

1926 年出生，云南保山人。1942 年参加滇西干训团。1943 年 7 月分配到中国远征军第十一集团军总司令部参谋处情报科任少尉参谋。1943 年 9 月，为腾东第一情报小组成员。1944 年滇缅反攻战前夕，被调回军部，担任别动队情报组副组长。2015 年 9 月 3 日，作为抗战老兵代表，参加纪念抗日战争胜利 70 周年阅兵仪式。

2015 年 5 月 29 日上午 8 点，腾冲滇西抗战纪念馆的马娟副馆长准时在馆前等候我们，她专门安排了纪念馆宣教室段金伶陪同我们去看望两位抗战老兵。

路上小段向我们介绍，先去看望的这位老人叫卢彩文，今年 90 岁。别看他这么高寿，精神可好呢，常被邀请到学校为中小学生做报告。有一次报告会在操场上举行，当时天气比较热，老师们有些担心卢老的身体扛不住，但他讲了一个多小时，一直情绪昂扬精神抖擞。

我们开车来到县城观音塘小区，走过一条僻静的小巷，卢老的家就在这里，是带小院的两层楼房。小段敲了门，出来迎接的正是卢老。“哦，老人家我们见过！”我兴奋地走上去与卢老握手。2013 年 9 月 3 日，卢老和我都受邀参加了龙陵松山中国远征军雕塑群落成仪式。我清楚地记得，在 12 位老兵中有一位老兵显得特别年轻，特别精神，看上去不过 70 多岁，这次见面才知道他年已九旬。听我讲到两年前庄严的落成仪式，卢老显得很激动，拉着我的手说：“好哇！好哇！我们又见面了！”

△与卢老合影

卢老热情地招呼我和队友们进屋坐下，堆满书报的茶几上摆着为我们准备的水果、茶水，他还给每人递上一支盒装牛奶。眼前这位动作利落、红光满面的老人，叫人真不敢相信他的实际年龄！当我们与他交谈时，他打开的话匣滔滔不绝，思路清晰，记忆力超强，让人更加感受到这位老人身上迸发的活力。

回忆起 70 多年前家乡沦陷的屈辱往事，卢老难掩悲愤之情。他说：“我永远忘不了 1942 年 5 月 10 日，292 个日本兵不打一枪就占领了腾冲。所有的学校都无法读书，政府乱了，老百姓也没依靠了，城里人往乡下逃难，但是三五天后日军又占领了乡村，这些强盗到处烧杀抢掠无恶不作，我都亲眼见过啊！”卢老说，当时他和许多同学都是十六七岁的年轻人，正是血气方刚的年龄，忍受不了当亡国奴的屈辱，纷纷要求参军抗日救国。

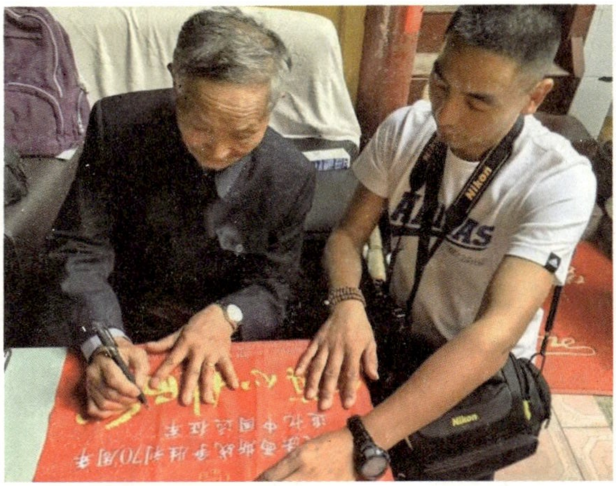

△卢老在旗帜上签名

1942 年 7 月，腾冲成立了抗日政府，组织腾冲百姓建立了游击队，对日军进行袭扰起到很大的牵制作用，青年学生和百姓为此很受鼓舞。1942 年 8 月，国民政府中央军事委员会滇西战时工作干部训练团（简称“滇西干训团”）在云南大理三塔寺正式成立。干训团主要是为反攻缅甸培训干部，派到滇西各地区组织民众，运济军粮，侦察敌情，配合部队作战。卢老说，当时干训团在腾冲北设了招生报名点，他听说了兴冲冲去报考，结果被录取进入干训团学习，那时他还不满 16 岁。干训团有 1700 多名学生，分为 3 个大队 10 个中队。腾冲人就有 191 人，其中还有 13 名女生。他们学习黄埔军校的课程，后来，滇西干训团并入黄埔军校，列为第 19 期。

经过一年紧张的学习训练，卢老和他的同学们毕业了，有了报效国家的本领，大家都很自豪和激动，互相题字留言鼓励。卢老说，有一位腾冲老乡写给大家的话到现在还记得：打回家乡去！我们生，家乡就不能改变；我们死，家乡就能改变！这话代表了所有同学的愿望。

1943 年 7 月，他被分配到中国远征军第十一集团军总司令部参谋处情报科任少尉参谋。1943 年 9 月，成立了由 11 人组成的腾东第一情报小组，他也在其中。不久他们被派往腾冲沦陷区，在距离县城 30 多公里的高家山安置了电台。卢老说情报小组每个人的任务均由组长分配，相互不联络，他只知自己的任务是负责收集腾冲县城的日军情报，其他成员任务不明。他被派回家乡，住在家里以此为掩护和工作点。让他最高兴和安慰的是父母亲人都还健在。那时17岁的他，没有情报工作经验，只有摸索着干。为了搜集日军部队番号、数量及活动情况的情报，他制订计划，首先在亲戚、同学里发展线人，而且从汉奸中寻找可以合作的对象，时机成熟他就深入敌军内部，获取有价值的情报。

可谓不入虎穴，焉得虎子！年轻时这段惊心动魄的经历中，令卢老难忘和有成就感的要算从汉奸孙振邦那里打开了情报突破口。孙振邦在日军宪兵队任队长，驻扎在腾冲大董乡。卢老辗转托人做孙某的工作，讲明中国人不害中国人，不要做中华民族的罪人等道理，听说孙某思想活动了，有意愿与远征军合作的消息，他决定亲自上门去面审。当然他非常清楚，此行是提着脑袋的危险行动，有可能是陷阱而有去无回！

谈到这里时，卢老很激动地说，“那时真不知道怕死，只想着完成任务！”就这样，他壮着胆子只身独闯虎穴！当他带着良民证去孙某家，见门口无人站岗，刚松了口气，进了院子却发现有10多个日本兵，一下心提到嗓子眼，冒了一身冷汗！他极力让自己镇定，没想到日本兵并未盘查他。见到有个脸瘦瘦的镶着金牙的中国人，那人把他带进一个房间，此人就是孙振邦。他们做了简短的交谈，孙交给他第一份情报。当时他并不知此情报是真是

△卢老家挂满锦旗

△卢老作为抗战老兵代表，参加了2015年9月3日的阅兵仪式

假，带回去把它交给联络点，然后用电台呈报给总部。后来组长专门到他家告知，这份情报很有价值，是日军扫荡我远征军三十六师的行动方案。他也因有功而提升为中尉。卢老自豪地说：“那时到腾冲工作才刚3个月。”

1944年滇缅反攻战前夕，卢老被调回军部，担任别动队情报组副组长，他还记得组长叫史秀，有翻译官和士兵共4人。他们在芒市一带，了解日军的活动情况。那时没有电台，当天外出侦察的情报要当天回军部汇报。在芒市到处流动，危险性很大，经常与日军相遇，说不清有多少次死里逃生。有一次，上级命令他们小组摸清芒市某村日军据点的规模和行动情况。当他们得知据点的日军外出时，就赶去进行侦察，摸清了据点日军的人数、外围的地形情况、活动规模等，情报小组在返回的路上遇到日军回据点。日本兵三三两两不成队伍，只有两人走在前面，与后面距离较远。这时，他们想绕道已经来不及，日本兵上来要搜查卢老，他正准备掏枪，“啪啪”两声枪响，后面战友开枪打死了这两个日本兵。枪声惊动了其他日军，他们立即围追上来，但这时卢老和战友已飞快地跑到隐蔽的地方，最终虎口脱险、死里逃生！那时他不到20岁，面对危险艰难却冷静淡定，并最终转危为安！

卢老说，抗战胜利后他要求退伍去学校当老师，开始了教育生涯。他还去读书拿到了本科文凭，从老师做到中学校长，直至1985年退休。工作以外，他的学习和社会活动也从未停止，一直以来酷爱国画和书法。说起这个话题，他喜形于色，眼睛笑成一条缝，指着楼上一间小屋说："那是我的小天地！"我们兴致勃勃跑上楼参观，一张不大的画台上摆满毛笔和宣纸，墙边一块立着的夹板上，挂着题款为"荷塘清韵"的水墨画。不论是构图，还是笔墨浓淡、走笔力度，都可看出卢老颇有功底。

卢老现在是中国老年书画研究会创作研究员，还担任黄埔军校同学总会理事、腾冲黄埔军校同学会会长等职务。卢老的人生经历就是一个传奇，不论过去还是现在都极其精彩！

当我们与卢老依依惜别时，他坚持走出院子，一直把我们送到马路边。看到老人家腰杆挺拔地站立在那里，依旧还是一副军人的威武身姿，我想到那句话：坐如钟，站如松！是啊！他就是一棵经风傲雪的不老青松！我忍不住跑上前拥抱卢老，表达晚辈对他最真切的敬爱！

李华生：我一直就是个兵

2015 年 5 月 29 日　云南腾冲　晴

李华生：
1913 年出生，1936 年参军，属六军预备二师。1942 年 3 月，跟随所在的六军与友军五军作为中国远征军第一次入缅作战。失利后随部队穿越野人山。1944 年 5 月，参加腾冲战役。

在腾冲，我们看望的另一位抗战老兵名叫李华生。向导段金伶告诉我们，老人住在腾冲老年公寓。我有些好奇：李老没有家人吗？小段说："他有儿女，只是对他不孝，不愿照顾他，送到老人公寓，很少来看望。"听到这话，我心里一阵悲凉和愤懑。

来到腾冲老人公寓已是上午 11 点多，只见公寓的雕花铁栅栏门紧闭，有保安值班。小段向他说明来意，我们被允许进入。公寓里面有两栋楼房和一个不小的院子，院内一片小树林，林中安置了一些石桌、石凳供老人们纳凉、歇息。

与值班工作人员交涉，一位女护理人员带我们去见李老。老人的房间在一楼，门是开着的。护理人员在门口就喊："李老，你看这么多人来看你啦！"我们排着队进入房间，进门的一面墙挂满了慰问锦旗，是来自江苏、云南、湖北和广东等地关爱抗战老兵志愿者团队赠送的。房间里床、桌椅、电视、空调等陈设都算齐备。李老正坐在靠椅上听广播，见到我们来看他，老人咧开嘴笑得快乐。一下来了这么多客人，屋子显得拥挤，队长刘汶武用轮椅推李老到外面的园林里，我们围坐在他身边和他聊天。

△像个孩子一样的李老不肯吃饭

一位老奶奶自己慢慢地推着轮椅从我们身旁经过，噘着嘴对李老说：“你可好啊，这么多人看你，有人和你说说话！”李老嘟哝了一句，脸上露出得意的笑容。11点半是老人午餐的时间，护理人员端来了饭菜汤，有烧肉、豆腐和青菜。我们请李老先吃饭，没想到他像个孩子似的，把头扭到一边说：“我不吃，我不喜欢吃这个。”我问护理员还有没有其他的菜，护理员说只有这些，再不吃菜凉了，食堂要下班没人帮忙热。我赶忙请小段劝劝李老，小段用腾冲话与李老交谈了一会儿，老人终于答应吃饭了。

小段告诉我们李老今年102岁了，大家惊叹又是一个百岁老兵！我笑笑说还是个“老小”呢！在交谈中，得知李老1936年参军，部队是六军预备二师。他还记得师长是陈明仁、顾葆裕。他参加过台儿庄、昆仑关战役。他说在昆仑关战役中，他脸部中弹，子弹从左脸进右脸出，差点丢了命，至今还留着两处伤疤。他指指脸颊的疤让我们看。的确，伤疤如同岁月的痕迹嵌在李老的脸上，至今清晰可见。

1942年3月，李老所在的六军与友军五军作为中国远征军第一次

△拿到慰问金的李老对钱的概念一点也不模糊

入缅作战，但两个月后部队失利不得不撤退回国。和许多撤退的部队一样，李老他们走进了野人山死亡的陷阱。李老说，过野人山苦得没办法说，开始英国人给了些粮食，很快就吃完了，就吃野菜、野草、树皮、树根。他还记得有个战友看到河边长着一种像芋头的东西，因为太饿了，就挖来吃，刚用舌头舔舔，舌头马上肿起来，连话也不能说，直到几天以后舌头才消肿，也有战友吃了有毒的东西送了命。

李老回忆那时没吃的，两条腿软绵绵的，但是还要与蚂蟥斗，一不小心，蚂蟥钻到上衣里、裤子里，那个滋味到现在想起来身上还发麻！野人山更可怕的是往深处走，有一种瘴气像毒气弹一样，让成千上万的官兵倒下。路边和草棚里堆满了尸体，尸体发出的恶臭味道，闻了让人晕眩。李老边说起野人山的经历边摇着头，一脸痛苦的神情，眼泪在眼眶里打转。那是让每一个能活着走出来的幸存者永生不忘的恐怖经历，也是后辈们无法想象的惨状！几万名中国远征军战士惨死在这片危机四伏的“绿色魔窟”里，这是世界军事史上极其悲惨的一段往事。

李老大难不死回到国内，1944年5月滇西反攻战打响之后，他参加了收复腾冲的战役。经历了太多的生死考验，他早把生死置之度外，他说，打腾冲的时候，日本人的暗堡火力很猛，很多战友冲不过去牺牲了，他再一次成为幸存者。

他说：“我没文化，打了这么多仗，一直就是个兵。”抗战胜利后，他脱下军装回家过起老百姓的日子。

这是杜宁老师第二次见李老，在我们谈话时他又为李老画了一幅画像。我拿出慰问金送给李老，说了一番祝福的话语，同时我在他耳边悄悄嘱咐他：“把钱收好啊！”李老告诉说：“工作人员对我好，每次拿到钱都是他们帮我存在银行。”看来李老脑子还很清醒。

我们向李老告辞的时候，我看到他眼中闪过一丝忧伤，令人伤感。与许多儿孙满堂又承欢膝下的老人相比，家，对于李老来说，只是梦中的美景，梦醒时，更多是孤独……

翁家贵：南桥机工的百岁寿星

2015 年 5 月 30 日 云南保山 晴

翁家贵：
1913 年出生，1939 年 5 月 23 日参加南洋华侨机工回国服务团，在昆明培训后分配到大理下关汽车运输十四大队十四中队负责作战物资运送。2015 年 9 月 23 日逝世，享年 103 岁。

来云南之前，我在佛山雕塑家、龙陵松山中国远征军雕塑群设计制作捐赠者李春华先生工作室就看到了他为南侨机工老人翁家贵制作的雕塑初品。他说，南侨机工是滇西抗战中一支非常重要的力量，不应该被忘记。他打算把这尊雕塑放在云南畹町国门桥头，作为对抗战 70 周年胜利的纪念。他说翁老已经 103 岁了，是国内为数不多仍健在的南侨机工老人中的一位，建议我们去保山看望他。

5 月 30 日上午 9 点，云南春城晚报驻保山记者站杨艳鹏、保山电视台张维等媒体朋友专门陪同我们到翁家贵老人的家里拜望。翁老的家在一个单元楼的二楼，轻轻敲开他的家门，只见翁老和他老伴都在门口迎接我们。两位老人笑眯眯地招呼我们进屋在沙发上坐下。我环顾屋内，收拾得干净整齐，透着一股温馨气息。

我拉着翁老的手告诉他："是李春华老师让我来看您的！"翁老很高兴："哦，李春华和我是老朋友了，他来看过我几次，还要给我做雕塑呢！"我面前这位老人脸色红润、笑容慈祥，我们很难看到沧桑岁月

△翁老拿出他年轻时的照片

给他留下的痕迹，这令我十分惊讶。

电视台记者张维架起摄像机，翁老开玩笑说："哦，要上电视呀！"我也笑着说："您是明星嘛！"老人很开心地笑笑，慢条斯理地给我们讲起他的人生。翁老是马来西亚人，15岁就开始学车，3个月后就租车跑的士生意。1937年，卢沟桥事变后，中国的东北、华北、华东、华南相继沦陷，中国对外的国际交通线被切断。国民政府发动西南20万民众抢修滇缅公路。那时非常缺乏运输车辆和司机及机修人员。爱国侨领陈嘉庚主席号召东南亚华侨回国帮助抗日，翁老就是在1939年5月23日参加南洋华侨机工回国服务团的。

翁老回国后，在云南昆明接受了1个月的培训，就被分配到大理下关汽车运输十四大队十四中队。任务是运送子弹、炮弹到昆明。后来物资多了，就什么物资都运送。

我问翁老，在滇缅公路上跑运输最困难最危险最难忘的事情是什么。他说滇缅公路路面窄而颠簸，因常年下雨道路多泥泞，车跑不起速度，很难走。特别是龙陵到芒市陡弯多，其中最险的是三台山、南天门，一般只能单行。遇上下雨天路面打滑，用汽油桶做挡墙，仍然很危险，被称作"鬼门关"。翁老说到这里叹了一口气："那时每台车只有一个驾驶员，遇到事情无人商量无人替手，只能靠自己给自己打气壮胆。"翁

△与翁老合影

老说，在滇缅公路跑运输的 3 年中，所有运送的武器、弹药都安全送达目的地，没有发生过事故。但他也听说有团友在三台山翻下山沟车毁人亡的悲惨情景。另外最危险的是日军飞机轰炸，因为运输的是军火，一旦中弹，随时粉身碎骨。惠通桥是必经之路，而它又是敌人重点轰炸的目标。惠通桥曾好几次被炸毁，民工队抢修了又继续跑运输。在培训时，他们重点学习的防空知识非常实用，学会如何躲避敌人飞机。“我就是运用了这些知识才躲避几次危险活了下来。”翁老说。

1942 年 5 月，日军从畹町侵入云南，很快占领了龙陵从而逼近惠通桥。为了阻止敌人东进，中国远征军果断炸桥，把日军隔在了怒江西岸，但日军切断了滇缅公路。

翁老说：“1942 年 5 月以后，我们没车开了，政府解散了我们，我们有家回不去，在国内又无路可走。”有资料介绍，这些在 1939 年至 1942 年抗战期间为民族为祖国不怕流血牺牲的爱国华人华侨，曾经一度陷入困境，有的甚至沦为乞丐，承受了极大的屈辱，令人为他们心酸落泪。

翁老说："有个老大队长教我去川滇公路三大队当副大队长，运输酒精代替汽油，这样跑了几个月。后来结了婚，妻子要生孩子，没车开就落脚到昆明。1943 年到美国飞虎队招待所当西餐师傅，又干了几个月。1944 年干回老本行到中国空军粮服库开车，专门拉大米。新中国成立后，1952 年政府安排去修昆洛公路，直到 1979 年退休。"这段近乎流水账的人生回忆里，翁老把多年的颠沛流离都交代了。就是这份淡然平静，在我的心中激起了一阵波澜。他们可是为了祖国的抗战才回来的呀！他们是多么值得尊敬的一群人哪！

你们都是来自南洋的华侨，
你们的战场是崎岖险峻的滇缅公路！
你们的掩体是满载军火的重型卡车，
你们的武器是紧握在双手的方向盘，
你们的任务是挂上前进挡勇往直前！

是啊，谁能说你们不是战士，谁能说你们不是英雄！借这首赞美诗献给翁老和他的战友们。

蒲德伟：忍辱负重亲情不弃

2015 年 5 月 30 日　云南保山　晴

蒲德伟：
1926 年出生，云南保山人。1942 年 10 月参军，分配到中国远征军第十一集团军七十一军司令部任少尉军邮员。1944 年调到滇西战役指挥部工作。

2015 年 5 月 30 日，在保山我们看望了另一位 90 岁的抗战老兵蒲德伟老人。蒲老与二儿子住在一起，一栋自建带院子的二层楼房，房子装修讲究，客厅宽敞明亮，一套宽大的沙发和茶几显得气派。在场的蒲老的大儿子向我们介绍，他们兄弟俩都有房子，父母轮流在两边住，看样子老人生活得不错。

蒲老从他的房间出来，他消瘦的脸满面胡须，显得有些憔悴。炎热的天气他头戴一顶鸭舌帽，穿着一件胸前印有“抗战老兵”字样的半长夹衣，上面还佩戴了两枚纪念章。我们迎上前向他问好，老人也高兴地向我们打招呼。大儿子告诉我们，父亲的听力不太好，回答问题也比较慢，我靠近蒲老身边坐下尽量大声慢慢地与他聊天。

蒲老是保山人，1942 年 10 月在家乡参军，分配在中国远征军第十一集团军七十一军司令部工作，军部有军邮局，他的职务是少尉军邮员，负责收发各种文件。1944 年滇西反攻战开始，他被调到军长陈明仁身边，在滇西战役指挥部工作，直接负责为军长传递各种文件，下面

△蒲老穿着一件胸前写着“抗战老兵”字眼的衣服

师部来的请示，由他亲自送给军长阅批，军长签字后再由他送发。他说这些工作要及时，不能出半点错，他很自豪地说没出过任何差错。

蒲老可以说是军长的贴身随从，关系密切。我问他：“军长对你好吗？”他马上说：“工作上脾气怪，要求严，但平时对我很好。”都过去70多年了，蒲老说起自己的长官还能这样熟悉。蒲老还记得强渡怒江后，七十一军是打左翼，为反攻战立了汗马功劳。他还提起第十一集团军司令宋希濂。滇西收复后，七十一军增援贵州打退最后的日军残敌。日本投降了，他们从桂林调到上海接管日军弹药、武器仓库，后来又去了昆山、苏州。这期间，蒲老接到家信告父病危，实际上父亲已久病半年多，因为打仗一直无法请假回去。而接到信后他到军部请假，军长陈明仁亲自为他批了一个长假。但他回家后就再没回部队了，因为抗战胜利了，不用再打仗了。后来他在保山邮局当雇员干起老本行，直到新中

△蒲老与他不离不弃的老伴

国成立后。说到这里，蒲老的大儿子拿出一张发黄的文件给我们看，这是保山市公安局 1980 年对蒲老申诉的处理决定。原来 1960 年，蒲老因一起“反标案”被逮捕坐了 9 个月牢，后查明释放。但工作单位由邮局被赶去建筑队，也没什么工资待遇。他和家人一直申诉，直到 1980 年才复查平反，由“教育释放”改为“无罪释放”，整整 20 年！蒲老这位曾经为中华民族流血奋斗的有功之臣承受了如此长时间的屈辱，真是令人辛酸和悲愤！ 20 年的不公给蒲老带来的伤害已无法弥补，庆幸的是我们听说蒲老有一个幸福和谐的家庭，老伴不离不弃从未红过脸，儿子、儿媳也孝敬他。临别时我对老人说：“现在日子好了，老伴、儿子、儿媳们对您都好，您要高高兴兴好好生活。祝福您老人家更加健康长寿！”

杨联壁：我是一号炮手

2015 年 5 月 31 日　云南大理　晴

杨联壁：
1918 年出生，1944 年 5 月参加中国远征军第十一集团军七十一军预备二师炮团，任八五炮操炮手。

2015 年 5 月 31 日上午 9 点，我们乘坐大理下关沱茶集团的中巴车，在集团杜发源副总经理等人的陪同下，前往 40 多公里外的祥云县进行参观、寻访。

祥云还有几位健在的抗战老兵，当地志愿者郭希桂老师带我们前去看望一个叫杨联壁的老人。汽车驶进祥云县郊的一个村落，我们走过一段弯弯曲曲的乡间小路，来到杨老家。这是一个典型的农家小院，院子角落摆着锄头、犁耙、扁担等农具，秸秆和木柴也堆满一地，自家养的鸡满地跑着，看家的狗对我们这些不速之客狂吠不停，院子里还弥漫着浓浓的、灶膛燃烧后的炊烟味道。往里走是一座建在高高台阶上的新宅，一条宽宽的外走廊用枫红和豆青两色地砖铺就，严整的灰砖和橘黄色的木门窗显示着主人的用心。

在院子里迎接我们的是杨老的家人，老伴、儿子、儿媳、女儿、女婿、孙子、外孙，足足有一个排！过了片刻，我们才看到杨老，他缓缓地从院子门外走进来。他看上去身体情况较差，整个身体弓起，头朝下

△杨老弓着的背几乎成直角

低着，腰间还挂着一个引流管的瓶子。大家不约而同上前搀扶他，把他扶到椅子上坐下。我和杜总坐在老人两旁与他谈话，杜宁老师找了最佳位置为老人画像，队长刘汶武，队友关小维、刘先华忙着拍照和记录。经过之前几次拜访，大家的配合度都很高，正因为这份默契才留下一段段宝贵的记录。

杨老不太懂普通话，由杜总用云南方言交流，老人还有些耳背，只有大着嗓子和他说话他才听得清。杨老精神倒不错，坐在那里一直面带笑容，只是许多往事记不清，第一个问题就卡住了，连自己哪一年参军也想不起，但他记得是在祥云当兵，同村还有两个叫杨关旺、陶喜奎的老乡和他一起。他还记得自己的部队是中国远征军第十一集团军七十一军预备二师炮团，军长叫王凌云，团长叫杨保国。我们推测老人大约是1944年滇西反攻战开始前后到部队的。杨老是我遇到的第6个与父亲同一个集团军的战友！我请杜总转告杨老我父亲也是第十一集团军二军的，他们是战友。我看到杨老眼里闪过一丝兴奋，脸上露出笑容，扬起声调“哦”了一声，意思是：“是吧！”

杨老说他参军后被分配到腾大师管区炮台，任八五炮操炮手。那时有很多新兵未经过多少军事训练就补充到部队，使用武器弹药发生事故屡见不鲜，他的老乡陶喜奎就是不会使用手榴弹被炸死，这令他十分难过。

我们好奇地问杨老一门炮有几个炮手，他说有 6 人，分别是一到五 5 个号的炮手和 1 个弹药员。大家你一言我一语地说技术好的当炮手，力气大的扛弹药，杨老听了直点头。杨老说他就是一号炮手，他们炮团参加了滇西反攻战，攻克高黎贡山。在攻打高黎贡山时，他打掉了日军的几个火力暗堡，为步兵扫清前进道路、减少伤亡立了功，连长抱着他激动得又哭又笑。我伸出双手竖起大拇指夸他：“真棒！”还鼓动大家为他喝彩鼓掌。受我们感染，杨老也笑得像个孩子一样跟着我们鼓起掌来。一时间的欢声笑语令整个院子都热闹起来了。

杨老说抗战胜利后，他随部队调到了昆明、曲靖等地，干了两年他就要求复员，带着部队给的一点生活费回到了故乡。

也许很久没有这么多人和杨老聊起 70 多年前的那段往事，这番谈

△杨老受到我们的鼓励也开心地鼓起掌来

话让他很开心。当我们离开杨老时，他坚持站起来送行，我们一再请他留步。我迈出那个小院的门，回头看着仍站在台阶上目送着我们的杨老，他那佝偻蜷曲的身影让我心酸。我诚心为杨老祈祷：希望家人能好好照顾他，让他有生之年再多一些幸福安乐吧！

杨华：永葆童心的老人

2015 年 5 月 31 日　云南大理　晴

杨华：
1922 年出生，1942 年参加国民革命军大理干训团，毕业后分配到远征军第十一集团军七十一军三十六师任步兵排长。

2015 年 5 月 31 日下午，从祥云回到大理已近 5 点钟，下关沱茶集团的杜总又带我们赶去看望大理的抗战老兵杨华老人。在古镇热闹的商业街上，我们敲开一扇铁门，杨老的孙女热情地来迎接我们。

走过狭长的通道，走进一座小院，院子里露台上摆满各色盆栽花木，空气中飘散着一阵阵植物芳香。与门外商业街人声鼎沸喧闹嘈杂相比，这里真是闹中取静别有洞天！

杨老的孙女喊着："爷爷，来客人了！"一位老人撩开门帘从屋子里迎了出来，不用说他就是杨老。老人精神矍铄，动作灵活，满脸乐呵带着一副老顽童的神态，让人难以相信他已是 94 岁高龄了！

杨老热情地招呼："请坐，请坐！"还吩咐孙女为我们倒茶。杜总向他介绍我们来自全国几个城市，专门看望抗战老兵，想听听他的抗战故事。杨老笑呵呵地直说："好！好！"还没等完全坐下来，他便按捺不住激动，滔滔不绝地讲起刻在他心里的往事。

杨老是云南大理人，他幼年丧父，没有钱读书。15 岁就在当地开

△坐在杨老的小院子里，听他讲过去的故事

了自己的织布厂，生意越做越好，又在腾冲开了新的织布厂。1942 年 5 月，日军占领了腾冲，到处烧杀抢掠，织布厂开不下去了，百姓们纷纷逃命。

当时腾冲以北未被占领，中国远征军在那里招收部队学员，他和 200 多个年轻人抢着报名。大家都说："国家要完了，拼命都要保啊！"他考入了位于大理的国民政府军事委员会滇西战时干部训练团，在那里学习政治，训练军事。8 个月以后，毕业分配到远征军第十一集团军七十一军三十六师任步兵排长，那年他 21 岁。这是新远征一路遇到的第 7 位与父亲一个集团军的战友。

杨老的记忆中，在高黎贡山与日军打游击的艰难岁月十分难忘。那时部队化整为零，到处流动，今天到这明天到那，没有固定营地，经常在野外抱着枪靠着树就睡了。高黎贡山山下炎热，而山上有积雪，许多人穿的是自己编的草鞋，到了山上被水打湿的草鞋结成冰块走都走不动。上山下山 60 多里路，一人一袋炒米就着雪水吃，吃完了补给跟不上，也会几天吃不上东西，饿着肚子每天都要打仗。与艰苦的生活条件相比，最大威胁是居高临下的日军碉堡，子弹“嗖、嗖”从两边飞过，每天都亲眼见到战友死去。但是那时的人好像不怕死，个个都豁出命去拼。

杨老说，远征军的武器很恼火（很差的意思），美国盟军给远征军支援了六种新武器，他被抽调到保山学习使用方法。这期间又被选拔参加了抗战文艺宣传队。他们编排了戏剧《岳飞传》宣传精忠报国思想，还把前线的战况编成节目鼓舞士气。在保山、大理等地向部队、群众宣传，同时发动捐款支援抗战。杨老说宣传教育很起作用，让大家明白了“决不能当亡国奴，当亡国奴比死还恼火”的道理。干训团学员 1700 人，到抗战胜利只剩 500 人。当年大家个个不怕死，派去哪就去哪，抱定死也不当亡国奴，死也要把日本强盗赶出中国去的决心！大家说杨老命大，几次死都没死成！ 70 多年过去了，杨老说起当年这些事仍然激情满怀，看着老人不断挥舞的拳头，我们对中国远征军为民族不怕流血牺牲的气概深深敬仰。

杨老还谈到一段特殊的经历，抗战中，远征军第十一集团军成立了 20 多人的纠抚队，七八个人为一个小组。抚慰帮助前线下来的官兵，纠察协调军民矛盾，安抚老百姓。有些战场下来的官兵，认为自己抗日有功，时有侵害老百姓利益的情况。杨老被委此重任，他说纠抚队有权威，只要有官兵对老百姓违规，立刻被抓起来，决不手软。那时纠抚队发挥了维护战时秩序的作用，保证了大理良好的治安。说到这里杨老很自豪地说，我们纠抚队有功！

当问到杨老抗战胜利后的情况，他说，当时第十一集团军调防到湖南，杨老为了照顾年迈的母亲而退伍留在大理，以做纸烟生意营生。新中国成立后，杨老到大理百货公司工作，由于能力强人缘好，干到 65 岁才从百货公司退休。退休后，杨老并未安享晚年，一天到晚闲不下来，还带着孙女做鞋子生意，赚了 3 万块钱。他 70 岁时，买了现在这个院子。杨老不无得意地告诉我们，自己一生和各方关系都搞得好，到哪里都受欢迎。在大理百货公司做营业员，顾客喜欢找他买东西，说他服务态度好，从不发脾气。在单位多次被评为劳动模范，还出席过大理州和云南省的劳模大会。因为是劳动模范，每年还可以外出疗养。说到这些，杨老的眼睛笑得眯成一条缝，幸福快乐像花一样在老人的脸上绽放。“人要乐观向上，正派善良。做人良心好，老天就会照顾你，什么事可以化解；做坏事天会晓得的。”说这番话的时候，杨老压低了嗓门，面色认真和郑重。他的孙女告诉我们，爷爷在 84 岁时得了皮肤癌，开了刀做了放疗、化疗，至今已经十年了，身体状况不错。

在与杨老一个多小时的交谈中，我们始终被他坚毅乐观的精神感染，也为他风趣的话语和神情笑成一片。最后他兴致勃勃地表演他坚持了十多年的健身操，抬头举手向上，俯身弯腰向下，扭身，踢腿，一切都显得那么灵活自如。一个九旬高龄老人身上所迸发的活力深深感染和鼓舞着在场的每一个人，队友们不停地拍照、录像，用热情的赞扬声和热烈的掌声向这位可敬可爱的抗战老兵致敬！祝福他老人家幸福快乐，健康长寿！

△杨老现场表演健身操

罗开瑚：挥之不去的悲壮记忆

2015年6月2日　云南昆明　晴

罗开瑚：
1918年出生，马来西亚的海南文昌籍华侨。1938年参加南洋华侨机工回国服务团，1939年回国分配在西南运输处，后来被分配到缅甸腊戍华侨先锋第一大队，负责作战物资运送。

6月2日上午，昆明资深志愿者段国庆老师带我们来到昆明罗开瑚老人的家中。段老师一见罗老就上前给老人一个热情拥抱，看样子他们是忘年交。我们一一向老人做了自我介绍，我还专门告诉罗老我们是慕名而来，是保山的翁老介绍的。他忙说："哦，翁家贵，我们是老乡，南侨机工共有9批回国，他是第5批，我是第8批。"

话就从这里说起。罗老告诉我们他今年98岁，是居住在马来西亚的海南文昌籍华侨。他不到20岁就在叔叔开的酒店当服务生。1938年左右，马来西亚掀起抗日高潮，很多年轻人都报名参加回国服务团。他没有技术，就先用一个月时间去学习驾驶，拿到执照后报名参加了南洋华侨机工回国服务团，于1939年回国。

回国后，最开始在昆明潘家湾汽车训练学校学习军事，主要是防空知识学习培训，边学习边等待华侨支援抗战的车辆到缅甸。后来被分配到缅甸腊戍华侨先锋第一大队。往返于从缅甸腊戍到中国遮放、芒市之间，来回200多公里，运送高射炮、机关枪等军火，这些都是美国支援

△与罗老合影

中国抗战的。

罗老说，滇缅公路路况很差，缅甸境内还有柏油路，而中国境内完全是黄土路，遇上雨天路滑无法走，常要等三五天路干了再走，所以都是自己带着炊具做饭吃。他喜欢喝咖啡，就算再艰难每天也要喝两杯。说到这里他还专门嘱咐照顾他的阿姨把沏好的茶换成咖啡让我们品尝。

为了改善滇缅公路状况，当时的云南省主席龙云用仅有的一些外汇购买了柏油，一段一段地改造，至1942年5月惠通桥被炸之前，柏油路已经从畹町铺到龙陵，大大改善了路况。

罗老说，惠通桥是日军飞机轰炸的主要目标，所以最难最险是在惠通桥路途上常遇日军飞机轰炸。不过我方也摸清敌机飞行时间规律，日军占领越南后，在河内、海防等地设有机场，这两地是离惠通桥最近的机场，从那里起飞，经过崇山峻岭到达惠通桥大约是下午3点，有时天气特别好，中午敌机也会到达。车队就避开这个时间，在惠通桥以外的公路边树下隐蔽等待，但是意外的情况也经常发生。

有一次，他的战友周开定在三台山遭遇敌机轰炸，炸断的大树直接砸到驾驶室顶棚，周开定被压在方向盘上当场牺牲，汽车喇叭鸣响惊动了附近的百姓前来救援，但无力施救，只有向部队报信。据说汽车喇叭声一直在山间回响，直到电瓶里的电被耗尽，非常悲惨！华侨先锋第一大队接到消息后从遮放抬着棺木赶来，罗老听到目击群众讲当时情景，为失去战友感到非常悲痛！

罗老还讲到自己的一段惊险经历。1942 年 5 月 5 日上午，日军从怒江西岸逼进惠通桥，为了阻止日军东进，决定炸惠通桥，这个突然的重大决定他事先不可能知道，那天他正好驾车由西岸向东岸行进，罗老过了惠通桥，在离桥不远的老鲁田一带，忽听身后传来巨大的爆炸声，后来才知道惠通桥被炸了！

惠通桥被炸后，滇缅公路的运输彻底断绝，南侨机工和众多司机队伍被解散，也面临失业的困境，罗老是其中还算幸运的一位，他和几个人开了个小餐馆经营了三四个月谋生。后来美国飞虎队陈纳德将军在印度某机场招人，罗老就去那里开车负责机场内物资的运输。这些物资通过驼峰航线空运到中国战场，成为重要的物质保障来源。

听罗老讲的这些故事，我们更加对南侨机工这支特殊部队为抗日战争做出的巨大贡献和牺牲表示深深敬意！历史不会忘记所有为国家和民族做出贡献和牺牲的英雄们！

方正：圈子里的人叫我“万宝全”

2015 年 6 月 2 日　云南昆明　晴

方正：
1917 年出生，上海人。1936 年参加国民革命军，从事军队文艺工作。1942 年 3 月，调到中国远征军六军任中校秘书，后升上校。1944 年 5 月，任命为远征军六军新三十九师政治部副主任。

在昆明我们访问的第二位抗战老兵是方正老人。事先段国庆老师就向我们介绍他是一位文艺工作者，今年 99 岁。

走进方老位于昆明某小区二楼的家，眼前的老人让我一愣：这哪像近百岁的老人！身材清瘦，身板挺拔，眉目有神，仪态儒雅，举手投足间保留着十足的文艺范儿！

战友小维轻声对我说：“方老还是文艺青年的样子。”我们会心一笑，赞赏这位有型有款的老人。段老师介绍了我们的来意，方老一脸笑容。我请他坐下，告诉他我们聊聊天，同时杜宁老师会为他画像。他客气地说：“好，好，我们是同行！”杜宁马上说：“您是前辈！向您学习！”

方老慢慢打开他的话匣。他是上海人，14 岁做学徒，自学绘画成才。1936 年作为热血青年，参加国民革命军，成为军队文艺工作者，参加抗日救亡工作。

他所在的军事委员会第三厅是负责文艺工作，郭沫若是第三厅中将厅长，是他的上级领导。田汉是话剧处少将处长，是他的同事。方老说他的专长是美术，后来爱好戏剧而改行。当年方老编排了几出抗战剧在部队演出受到欢迎。

1942 年 3 月，中国远征军第一次入缅对日作战，他被调到远征军六军甘丽初军长所部，在军党部任中校秘书后升上校。说起参加远征军的经历，方老感到很自豪，他说能选去都是出类拔萃的人才。后失败撤回国内，在部队继续做政治工作，并担任怒潮剧团团长，编演抗战剧对部队进行宣传教育。

1944 年 5 月滇缅反攻战中，他曾被任命为远征军六军新三十九师政治部副主任。当我问方老有什么特别难忘的事时，他很得意地告诉我们：“我很突出，我是美术、戏剧、音乐都可以吃得开的人才，圈子里的人叫我‘万宝全’。”

△与方老合影

方老也谈到在文艺圈内的钩心斗角。当年他组建的怒潮剧团在昆明属“外地派”，而教育厅长陈某拉起的戏剧干训班属“本地派”，因此会在经费、演出场地等问题上受到克扣和不公，但是他编排的戏剧因为很受欢迎依然有一席之地。

方老不回避谈到他人生的坎坷：1948年因为“思想左倾”曾经在国军坐牢两年。新中国成立后，又因为“历史反革命”问题坐牢29年。1982年国家集体特赦后，他被分配到集体企业昆明民族花边厂守大门。后来工厂的工友和领导发现“这个看门师傅不简单”，有文化，会画画、写字，吹拉弹唱编导都很在行，这样方老才被调入厂工会以工代干，一直干到退休。

方老在与我们谈到以上历史及个人坎坷经历时，语气平和而淡定，让我们感慨不已，也许正是这种平和淡定让他活得如此年轻，如此高寿！

朱铭富：一张珍贵照片背后的故事

2015年6月2日 云南昆明 晴

朱铭富：
1917年出生，江苏涟水县人。1937年12月参加了南京别动队，担任突击一大队指导员。1938年底调到西安，参加财政部查稽人员培训班，毕业后做国军缉私人员，分配到河南禹县做查稽分所所长，管理财政。2015年12月8日逝世，享年99岁。

99岁的朱铭富老人是我们在昆明拜访的第三位抗战老兵。段国庆老师领着我们从大马路转到几座高楼背后，拐进一条院墙旁通道，朱老的家在通道边一栋老式居民楼的一楼。打开门就是朱老的家，大约20平方米的房间里有一张床、一个柜子、一张桌子、一张沙发和一张茶几等，衣物、锅碗瓢盆和书报凌乱地摆在四处。段老师很热情地问候朱老并介绍我们，看得出他们是老朋友了。老人家见到这么多客人非常高兴，招呼我们坐下，我们的话题从他参加抗战说起。

朱老今年99岁，江苏涟水县人。1937年上海被占领，国民党军统在上海和南京成立地下组织别动队，与日本人进行地下斗争。1937年12月13日日军进行南京大屠杀期间，朱老参加了南京别动队，担任突击一大队指导员。他们活动范围是南京高旺镇到安徽合县一带，任务是了解日军兵力部署、军事行动，另外选择“策反对象”进行策反。

朱老说，别动队人不多，约500人，但是任务重要也非常危险，大部分队员化装成便衣混在日本人中间，天天与日本人打交道。他负责根据侦察到的情报，策划、组织夜间对日军军事设施进行破坏行动，曾经捣毁日军的通信和装备仓库等。1938 年底他被调到西安，参加财政部查稽人员培训班，毕业后做国军缉私人员，分配到河南禹县做查稽分所所长，管理财政。在 1941 年至 1942 年间，他化装成商人深入敌占区开封，通过地下活动破坏敌人财政经济。

朱老还告诉我们他与蒋经国先生之间鲜为人知的往事。1949 年，蒋经国奉命到上海整顿经济秩序，即“打老虎”。朱老陪伴左右，保护他的人身安全。因此次整顿触动了各方利益，蒋经国成了众矢之的，险遭不测，朱老临危保护了他，有过生死之交。朱老不无嘲讽地说，当时“打老虎”踩到了孔祥熙儿子的尾巴，宋美龄出面干涉，“打老虎”打了 70 天就草草收兵了。

朱老与蒋经国之间不同寻常的关系还在于他当年帮助安顿了不被蒋家接纳的章孝严（后改名为蒋孝严）兄弟与其母亲，使他成为蒋孝严兄弟的有恩之人。2013 年 4 月 19 日，台湾国民党荣誉副主席蒋孝严先生代表父亲生前的愿望前来看望他。朱老说：“蒋先生是通过中共中央的领导找到我，由中央统战部和省委领导陪同，把我接到机场，时间虽不太长，一见面他拥抱我哭了，还说了一些知心话。”当我们说到蒋孝严先生应该让他们给换套住房，朱老说，“来看我就很高兴了，不谈经济不谈钱！”

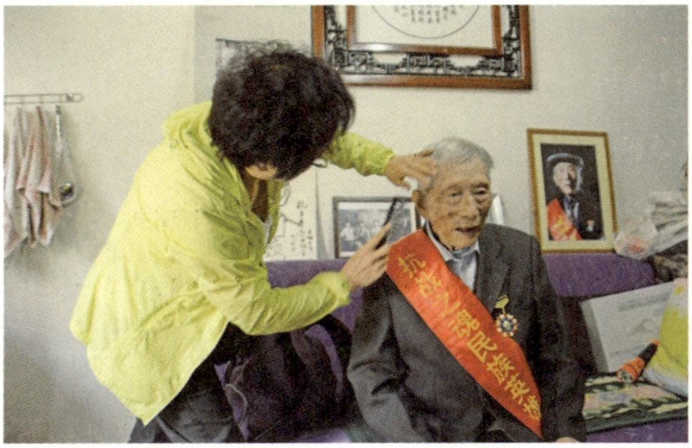
△看着罗老头发乱帮他梳理

从这件事情以后全国多家媒体都来采访他，志愿者团体也来慰问。他说已经获得了四枚勋章，我们知道这只是民间团体授予的，但对老人来说还是很大的安慰。他指着一旁印有“抗日英雄”大字的授带说，都是大家送的。

△朱铭富老人赠送的照片，左为朱铭富老人，右为国民党荣誉副主席蒋孝严

当我们请朱老照相时，他非常认真地带上红色授带，我发现他的头发有些凌乱，拿出我的梳子帮他梳理整齐，朱老像个孩子静静坐在那儿。瞬间，我的眼泪像断了线的珠子止不住掉下来。朱老在谈话中就说要送一张他与蒋先生的合影给我做纪念，谈话结束后，他找出照片用软笔工工整整写上一行楷书“国民党副主席蒋孝严先生与我合影照送给傅晓方女士留念。抗战英雄朱铭富赠，二零一五年六月二日于昆明翠埠”，并盖上他的私章。

朱老曾有过一次婚姻，后来妻子带着儿子改嫁他人，他长期孤身一人。后来他学习了织补手艺，从事织补衣物工作，一直到退休。退休后有少量退休金。面对这样一位孤老，我真不知他平时如何吃饭、洗衣。我问段老师，能不能帮朱老联系一家养老院好有照顾，他说朱老不愿意去。过去居住条件很差，前年他们帮助找了这间房子后有所改善。目前有两个关爱老兵志愿者组织资助他的生活费用。

临别前我们和朱老在他家门前一起合影留念，周围邻居过来观看，我悄悄地请求他们：“这位老人在抗战中对国家做过贡献，现在孤身一人，平时他有需要拜托你们帮帮他吧！”

陈友礼：贵州“娃娃兵”

2015 年 6 月 5 日　贵州贵阳　雨

陈友礼：
1932 年出生，贵州毕节人。1943 年参加中国远征军，被编入五军二〇〇师六〇〇团三营八连。1944 年参加滇西反攻战。

到贵州之前，杜宁老师就告诉我们，在贵阳要拜访著名的远征军“娃娃兵”陈友礼老人，为此大家非常期待。6 月 5 日上午，我们来到贵阳市郊一个新建小区，陈老的家在某栋 8 楼。敲开门见到他，我拼命搜索记忆中的那个“娃娃兵”。杜宁老师用贵州话向陈老问候并做介绍，我们都热情地向他点头问好。我拉着陈老的手在沙发上坐下，并对他说：“我很早就见过您那张‘娃娃兵’照片，在很多地方见过，很喜欢，所以您在我们心目中不仅是英雄也是名人！”陈老高兴地道谢。

70 多年前，美国战地记者在云南塔山中国远征军行军途中，把当时不到 13 岁的贵州籍娃娃兵陈友礼“抓”出来，拍下了这幅我取名为“胜利的微笑”的经典照片。镜头中的娃娃兵穿着肥大的军装，身上背着沉甸甸的武装带和干粮带。他右手竖起的大姆指和脸上绽放的笑容，还带着浓浓的孩子气，一点看不到他对战争与死亡的恐惧，相反充满对胜利的憧憬！这个照片的主人公，今年 84 岁的抗战老兵陈友礼老人，还清楚记得干粮袋里是按照连长的要求左边装辣椒，右边装盐巴。雕塑家李春华先生按照这张照片制作的雕塑立于云南龙陵松山中国远征军雕塑群内，向人们展示那永恒的胜利微笑！

我们与陈老的谈话首先从他如何参军说起。陈老告诉我们，他幼年丧母，父亲娶的后妈经常打骂他，6岁时抚养他的奶奶去世没了依靠，全靠好心人帮助慢慢长大。1943年下半年，从四川过来的军队在贵州毕节招兵，他和邻居家的哥哥跑去应征。招兵的人见他又瘦又小问他为什么当兵，他说一来我没饭吃，二来我听别人说日本人很恶劣，打到中国杀老人杀小孩，要把日本人打出去！招兵的人听了夸他人小有勇气，就收下了。后来才知道这个军队叫中国远征军。

那时没有他能穿的衣服，棉衣穿着像大衣。部队在毕节训练了3个多月，先后辗转了贵州、云南几个地方，大约1943年底到达昆明巫家坝，被编入五军二〇〇师六〇〇团三营八连，连长叫卢春凤，是江浙一带人。陈老分配给连长当勤务兵，他说连长对他很好。在昆明又训练了三四个月熟悉各种武器。1944春，前方急需兵力，后来才知是滇西大反攻要开始了。他们部队从昆明巫家坝坐飞机往保山出发。由于日军飞机轰炸，他们在云南驿下了飞机，准备步行到大理下关再到保山，中间又接紧急通知还是在云南驿坐飞机到保山。到了保山他们就徒步向松山方向行进。实际这个时候正

△这就是当年那张著名的“娃娃兵”照片

△昔日的娃娃兵已经垂暮

是松山战役打得很艰难的时候。陈老说，当时主攻松山的二十八师由于对敌情摸得不准造成很大伤亡，主攻任务落于八军。陈老所在的五军在惠通桥东岸一带集结待援，结果八军和增援部队打下了松山，五军就从惠通桥渡江至西岸的腊勐松山脚下。也许这一次调防和参战让这个“娃娃兵”第一次尝试了军人的紧张、艰险和随时随地的流血牺牲，所以印象特别深刻。

我又问到陈老：“您那时那么小，作为连长的勤务兵您是怎么做的呢？”陈老讲了他与连长的生死之交：1944 年底，中国远征军在收复了腾冲、龙陵之后，向畹町方向进攻，开始了长达一个多月的黑山门战役。由于运输线长，弹药补给跟不上，加上武器装备差，部队很困难。有一天战斗中连长的枪没子弹了，就和日本人拼刺刀，他见连长抓住敌人的刺刀的手被割破鲜血直流，他抓起自己的枪打死了那个日本人，后来发现另一个又一枪打死。他把受伤的连长拖下山交给担架队，嘱咐他们送到野战医院，他又返回山上继续参加战斗。后来黑山门战役取得了胜利，畹町收复，把日军从国门赶了出去！才 13 岁的他就是这么勇敢地保护了连长。

当问到抗战胜利后的经历，陈老没有回避曾打过内战。他于 1948 年在山东被解放军俘虏后整编加入了解放军。参加过淮海战役、渡江战役，解放上海、舟山群岛等。1953 年又参加了抗美援朝，在二十军五十九师一七七团参加二次战役、五次战役和上甘岭阻击战。抗美援朝回国后他被调到二十军五十九师坦克二六四团任驾驶班长。1954 年返乡，民政局安排到遵义 503 地质队工作。

1955 年回乡探亲，与一位女乡镇干部发生口角，1957 年“反右”被此人告到单位。以辱骂政府干部和盗窃罪判刑 11 年劳改，管制劳动 10 年。陈老谈起这段经历非常难过，他说：“无论我怎样拼命干活想表现好，但总是受到犯人欺负和狱警侮辱，他们骂我是‘国民党痞子兵’，经常被打得满身伤痕。我觉得自己活不下去了，一次有个狱警又侮辱我，我忍无可忍掐住他的脖子准备拼命一死了之，当时遇到贵州毕节地区公安局朱处长来视察，他劝阻制止了我。他耐心听我倒苦水，跟我谈了 4 个小时，我向他讲了自己抗日和各次参战的经历，我说，我流血拼命参加过抗日战争、解放战争和抗美援朝，没有功劳也有苦劳，你们为什么要这样不把我当人看待！”听到陈老的这番控诉，我再也忍不住了，我抱着陈老痛哭，我为他这个从小就在抗日战场上拼命的娃娃兵受到这样的屈辱而悲愤！幸运的是，当时朱处长听了陈老的诉说，不但没有惩罚他，而且为他主持公道，打那以后狱警再不敢欺负他了！

1977 年，还在管制劳动期间的陈老遇到了现在的妻子，婚后育有一女一儿。陈老现在与儿子儿媳孙子生活在一起，家庭幸福和睦。最后我们向陈老献上为他画的画像及慰问金，围着那幅经典的“娃娃兵”照片合影留念，祝福他苦尽甘来，好好安享幸福的晚年！

△桌子上摆放的“民族功勋”和塑像

参考文献

[1] 彼得·海洋 . 血胆——中国远征军段国杰将军征战录 [M]. 广州：暨南大学出版社，2013.

[2] 龙陵县文体局. 松山战役影像志 [M]. 昆明：云南美术出版社，2011.

[3] 郭希柱 . 飞虎队与云南驿 [M]. 昆明：云南民族出版社，2014.

后记

还没来得及完成这本原打算献给胜利日的书稿，我们就迎来了中国人民抗日战争暨世界反法西斯战争胜利70周年的庄严日子，举世共同见证了中国气势恢宏的历史大阅兵。战鹰呼啸、铁甲轰鸣、方队齐列，这些抗日军魂的传承者，向世人昭示着中华民族珍爱和平，捍卫祖国的决心与力量！令人欣喜的是，在本书中提及的，我于云南腾冲县看望的中国远征军第十一集团军司令部中尉参谋卢彩文老人也出现在阅兵仪式上。国共两党的抗战老兵同乘一车，代表为国捐躯的战友，共同接受祖国和人民的检阅。

然而有喜也有悲。当我正写作着本书中20位抗战老兵的故事，沉浸于与老人们见面的难忘感动中时，却不断传来悲讯：仰光的刘大江老人和腊戌的赵自颜老人于阅兵前去世。他们一位是带着去北京看看阅兵，会会战友的愿望，一位是握着沉甸甸的阅兵邀请函，然而，都等不到这一天。而云南保山南侨机工翁家贵老人，则是积极参加云南多地纪念抗日战争胜利70周年活动，于喜悦和奔波中走完他人生最后一段历程。在本书付印之际的12月8日，又有孤老朱铭富在寒冬之夜，寿终正寝，等不到志愿者们为他筹备中的百岁寿宴。

每一位历史见证者的离去，都让我感到悲痛，也更有加紧记录历史、关爱老兵的紧迫感和使命感。2015年中秋节前，广州青年商会关爱抗战老兵志愿服务队走进26位老人的家中，送去节日的问候。中国远征军驻印军新一军新三十八师老战士梁振奋老人激动地唱起当年的战歌，并写下“不忘历史，珍爱和平”的感言。

历史已经远去，中华民族在浴血抗击中锤炼成钢的精神，需要一代代中华儿女血脉相传。2015年9月以来，我走进广州多所学校进行纪念抗战胜利70周年的公益巡讲。无论是风华正茂的莘莘学子，还是充满好奇的少先队员，引起的反响几乎是一样强烈的。95后的广州中医药大学二年级樊蓉同学，在演讲结束后一直等着我，很真诚地拉着我的手谈她的感慨，她说她感受到了有血有肉的历史，称赞我父亲段国杰将军是位了不起的英雄。广州红领巾成长小记者精英团11岁的董本哲同学和他的妈妈都给辅导员老师发来感言，董本哲同学还写了一首诗表达他的情感。

不仅如此，在撰写这本书的过程中，有太多的人和事激励鼓舞着我，在这里也要好好感谢他们。作为第一次出版图书的我，很荣幸得到两位贵人的支持。本书的撰序者是有着40多年军旅生涯的优秀新闻工作者和管理者的解放军报社原社长孙晓青将军。2015年6月，我在北京有幸参加了5集大型抗战纪录片《腾冲腾冲》摄制组主创人员的聚会。其间，我的战友、该片总策划兼总制片、时任解放军电视制作中心孙继炼主任向我介绍了孙晓青将军。他是该片的总撰稿人，他和摄制组深入滇西大地进行了扎实的寻访和拍摄，全景式展示了中国远征军悲壮惨烈的腾冲战役。谈话中，孙将军讲述了他们在拍摄过程中，翻越海拔近4000米的高黎贡山四天三夜克服道路险峻，严重缺氧及寒冷的困难，挑战身体极限的难忘经历。他说，有了这次经历，才能体会当年中国远征军进行滇西反攻战面对多么大的困难，付出了多么大的代价！大家常常为那惨烈的英勇悲壮而泪流满面。一席谈话使我十分感动，于是请战友刘小渡转达了请他为本书作序的愿望。他用一句谦逊的话表了态："我学习学习吧。"他告诉我，他要借此向那段历史中的英雄表达敬意！

另一位贵人是中共广东省委宣传部原副部长、广东省文联原主席、茅盾文学奖获奖作家刘斯奋先生。他欣然为本书题写书名，令我万分惊喜，他还以专业的眼光对本书的封面提出了中肯意见而令我感动。在此，谨向两位老领导表示衷心的感谢！

如果说有幸得到孙晓青、刘斯奋两位老师的帮助，那不能不感谢陈方、余正平先生和刘小渡战友的牵线搭桥。

一本书能否顺利出版当然也离不开好的责任编辑。感谢廖曙辉先生举荐的80后编辑佃燕婉，于细微之处表现了她难能可贵的责任心和良好的业务素养。她曾感慨，通过编辑此书"了解了一些原先不太了解的远征军历史，许多史料读之悲壮感人"。也许，这个过程是对她心灵的一次洗礼，也是竭尽全力做好此书的动力。

羊城晚报报业集团原主任编辑陈恺最早连续刊发有关我的新远征的报道予以支持；羊城晚报报业集团总编刘海陵、广州阳光酒店总经理施仁忠、云南祥云志愿者郭希柱给我赠送珍贵历史资料；新远征队队长刘汶武、队友关小维帮助整理提供照片；滇西抗战史专家李正、军事文学作家彼得·海洋对书中有关史料给予指导；中国石油文联副秘书长候晓光对书中一些篇章提出宝贵修改意见；中国科学报广东记者站站长朱汉斌亲自挑选、指导李锐敏、陈娜等协助我整理文稿和照片等大量基础工作；武汉大学校友、教授赵春荣，羊城晚报报业集团新媒体部主任孙朝方及记者邝穗雄，广州青年报社社长于龙，广东粤港澳合作交流促进委员会文化专业委员会秘书长王言热心帮忙联系出版事宜；广州阳光酒店综合办公室主任刘增强积极协调有关事务。在此一并表示感谢。我还要向所有关注支持此书以及在这段新征程中帮助、支持过我的朋友们，致以诚挚的感谢！

这是记录一次汗与泪交织、心与身洗礼的历程，虽然它带着我笔拙才浅的痕迹，但那种从心底流淌出的真情实感，也许正是它华彩之处。

本书出版匆促，定有许多纰漏之处，还请方家批评指正。

傅晓方

2015 年 12 月 15 日